U0111589

大展好書　好書大展
品嘗好書　冠群可期

大展好書　好書大展
品嘗好書　冠群可期

武學釋典 54

太極拳心法體用
驗證與釋秘

附影音光碟

宋保年
楊 光　編著

大展出版社有限公司

武禹襄

李亦畬

葛順成

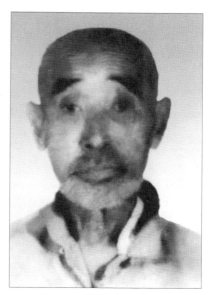

顧士文

葛順成之子葛邵廣先生練功照

葛邵廣（右）與顧連成（左）合影

1958 年顧士文先生在邢台地區武術比賽中獲得金牌

2013 年，宋保年主持顧士文誕辰 100 週年立碑儀式

右起：宋保年、葛順成之孫葛玉樹、
顧士文長子顧玉霞、邱金輝

宋保年手抄師傳太極拳譜

宋保年（右）與弟子楊光（左）

宋保年拳照

楊光拳照

《 序 》

　　葛順成是武式太極拳第三代傳人，從學於李亦
畬、李啟軒二位先生，由於葛順成從未改動過拳架，
所以葛傳武式太極拳也被稱作「武式太極拳李架」。
葛順成學成後返回河北清河老家，一直致力於太極拳
傳授和傳播，其後代傳人也大多活動在清河方圓之
內，鮮有外出授藝者。

　　葛順成傳承太極拳心法、功架、推手、技擊等，
保留了武式太極拳較為原始的特點，形成了個人獨特
的風格，但未廣泛傳播。

　　當今，諸多新創太極拳種層出不窮，我們將葛順
成傳承的較為原始的太極拳心法、理法整理出來奉獻
給廣大太極拳愛好者，是一件非常有現實意義的事
情，既可增強太極拳愛好者鑒別傳統太極拳的能力，
也讓更多人瞭解到傳統太極拳的理法、練法和打法。

　　書中編寫的主要是宋保年先生所傳承的葛順成、
顧士文兩位先生的太極拳體系，在內容上保留了葛順
成太極拳的原貌，在表達上也儘量用通俗、生動的比
喻講解，以便於太極拳愛好者閱讀和參考。

　　本書在編寫中，改變太極拳書籍普遍以描述拳架

練法為特點的寫法，重點記述太極拳的心法、理論和勁法應用。因為太極拳最為重要的不是拳架，而是心法和拳理，只有領會了太極拳的拳理拳論，才能真正練好太極拳，才能體悟太極勁，不管練的是哪一家的太極，都可以進入太極拳的懂勁階段。如果沒有名師的指導，未能理解太極拳的拳理而苦練，就很難明白太極拳的真諦，這就是太極拳和其他拳種的不同之處。故本書命名為《太極拳心法體用──驗證與釋秘》，就是想讓太極拳愛好者透過本書的學習找到「懂勁」的感覺，體會內功的奧秘。

本書不僅適合武式太極拳愛好者閱讀、學習，而且適合各流派太極拳愛好者習練、參考。在編排上，本書先簡略描述近代太極拳和葛順成傳太極拳的源流、演變；然後重點描述太極拳心法，用了大量實例來釋證相關心法的應用；接著記述了太極拳的練法、四層功夫，讓大家對太極拳的形體姿勢、內氣、神意有較為全面的瞭解；然後詳細描述太極拳八種勁力的應用、特點和勁法的組合；再後，介紹葛順成太極拳的住（站樁）、坐、行、臥四種功夫，讓大家在理解前面心法和拳理的基礎上理解太極拳的練法；最後，將葛順成傳太極拳較為重要的拳論匯總於後，供大家演習。當然，這些拳論也可代表作者對於太極拳的觀點和立場。

在此，我們先瞭解太極拳心法和拳理的區別。所

謂心法，是太極拳歷代傳人、前輩口口相傳的習練太極拳和應用太極拳的心得體會，這類心法可謂私功，非正式弟子不傳；所謂拳理，是太極拳歷代宗師所著、傳抄的經典拳論，這是太極拳的理論依據，也是太極拳成為一個門派的核心依據。所以，拳理是根本，心法是精髓，心法是開啟拳理拳論的鑰匙，兩者互為補充，相得益彰。

太極拳是一門獨特的內家拳術，一靠師傳，二靠明理，三靠實踐，堪稱一門深深體現道家哲學思想的武術。所以，書中大量的篇幅講述太極拳的心法和理法，以此給予廣大讀者啟示和參考。

本書編寫過程中，得到了郝為真傳武式太極拳傳人靖振峰的大力支持，靖先生為我們講解了郝為真一脈太極拳的內涵，開闊了我們的視野，豐富了我們的知識，在此表示真摯的感謝！另外，也非常感謝「武林線上」攝影師苟玉明為本書拍攝圖片，在此一併致謝！

本書雖然經過作者再三審閱，但錯誤和不妥之處在所難免，希望廣大讀者指正，提出寶貴建議。

武式太極拳　　第五代傳人宋保年
　　　　　　　　第六代傳人楊光

《　目　錄　》

第一章
葛傳武式太極拳源流

一、近代太極拳演變

太極拳是中國著名的內家拳之一，具有極好的養生與技擊效果。因其既是拳術，又是道家內功，歷來為武術愛好者、文人乃至道門中人所喜愛。時至今日，更是成為大眾養生健身之法寶。

太極拳源自太上玄門，肇始於張氏三豐祖師，流傳於陳家溝，經楊露禪宗師弘揚於京師後，始廣為世人所知曉。其後又經武禹襄、李亦畬二位宗師理法之發明，可謂圓滿無瑕也。

太極拳傳承至今，已有數百年之歷史。在漫長歲月的傳承、發展過程中，形成了陳、楊、武、吳、孫、趙堡等眾多門派。派別、架勢雖然眾多，但莫不遵循「以柔克剛，運柔成剛」之理，體為一而法各異。

縱觀各派太極，從其淵源流別上可以看出太極拳的形成、演化過程。

陳式太極拳是較為古老的一個流派，至今依然保存著許多少林和長拳的影子，如震腳、跌叉、跳躍等，都體現了中國武術由外家向內家的過渡，這是太極拳形成與發展第一個也是最重要的里程碑。這裏說陳式太極代表中國武術由外家向內家的過渡，並非說陳式太極較其他太極流派低級，而是說明它保留了外家拳術的一些動作與打法，是代表中國武術發展演變的證據與「活化石」。陳式太極在

拳法境界上與其他流派毫無二致。

楊式太極拳，源於陳式太極，經過楊家三代人的傳承、定架，形成了注重鬆沉、舒展、綿柔的特點。因而在初傳時，也被稱作「綿拳」。楊式太極行功平緩、匀速，勁力如綿裏裹鐵，且剔除了跳躍、震腳等外形較為剛猛的動作，改為大槍架為虛實相間的虛步與弓步，邁步如貓行。此可謂太極拳發展的第二個里程碑。

武式太極拳，則素以法度嚴謹、架勢小巧、轉換靈活、外小內大而著稱，較之其他流派，頗注重理法之參究，如傳世之《十三式行功要解》《太極拳解》《十三勢行功心解》《五字訣》《撒放秘訣》等，皆出自武禹襄、李亦畬之手。武式太極對於太極拳理法之完備，厥功甚偉。可謂太極拳發展的第三個里程碑。

之後，又形成了由楊式太極拳演化而偏於柔化的吳式太極拳、由武式太極拳演化出融太極、八卦、形意為一體的孫式太極拳。太極拳的大家庭可謂百花齊放、百家爭鳴。

以上是近代太極拳發展的歷史軌跡，至於明代之前的小九天、無極拳、太和拳等拳術，雖類似近代太極之以柔克剛，但在理法上還有諸多差異，而且很多內容已無法窺其全貌，且無確切證據考究，似乎不應輕易將其列入近代太極拳體系，或將其看作近代太極拳的雛形。更為嚴謹的做法是將它們視為與近代太極拳相近的其他流派拳術，以待有新的確切釋證再做深入研究之。

二、葛順成傳太極拳的源流與特點

　　葛順成傳太極拳是武式太極拳的重要分支，也是武式太極拳謂之原始的拳架。武式太極拳起源於清朝光緒年間，為河北永年武禹襄所創，至今約有 180 年的歷史。經過武式各代宗師的大力推廣和發展，如今武式太極拳已風靡全國，聞名海內外。

　　追溯歷史，武式太極拳自創始之日起，歷經二代、三代宗師之艱苦努力。發展至今大致可分為三派：一為李亦畬後人李遜之所傳，一為李亦畬之徒郝為真所傳，一為李亦畬、李啟軒之徒葛順成（顯齋）所傳清河一支。

　　現今武式太極拳李遜之、郝為真兩支已廣為人知，而清河葛順成一支除了在清河地區流傳和霍夢魁、顧印珂傳至東北之外（東北一脈拳架與清河又有所不同），傳播不廣。本書要介紹的是葛順成在清河老家所傳太極拳的源流、心法、練法和勁法。

（一）傳承脈絡

　　武禹襄（1812—1880），名河清，字禹襄，號廉泉。河北省永年縣廣府鎮東街人，清代直隸廣平府人，是武式太極拳的創始人。武禹襄生於書香門第、官宦世家，但他不思利祿，常在家教習本家及鄰居小孩讀書，兼習練家傳武術。武禹襄兄弟 3 人：長兄澄清於 1852 年中進士，官

居河南舞陽縣知縣。次兄汝清曾任刑部四川司員外郎。兄弟 3 人均熟習武術。

武禹襄與楊露禪是同時代人，又為親戚。武禹襄自幼酷愛武術，最初他與楊露禪一起習練洪拳。後來他在城里西街太和堂藥店（河南懷慶府陳家子弟所開）見太極拳之精妙，遂初習太極拳。1820 年前後，楊露禪三下陳家溝求師習術，學藝歸來後遂在太和堂設場教拳。

1852 年前後，武禹襄先生赴陳家溝向陳長興求教時，才知陳長興因年老多病不收徒傳藝多年。當武禹襄聞知趙堡鎮陳清萍拳藝精湛後，遂拜陳清萍為師，習練清萍小架太極拳。他邊學邊練，將所得拳理、拳訣一一記錄。武禹襄習拳期間，曾幫助陳清萍了結一樁難平的案子，陳清萍非常感激，因此將自己的拳技精髓、拳理秘訣傾囊相授。其後，武禹襄又從其兄武澄清處得到王宗岳《太極拳論》一書，經精心研究創編了獨具一格的武式太極拳。

武禹襄對太極拳理非常重視，將一生習練經驗總結成《十三式行功要解》《太極拳解》《太極拳論要解》《十三式說略》《四字秘訣》《打手撒放》《身法八要》等經典拳論，並廣泛被太極拳各派別所引用。

李亦畬（1832—1892），名經綸，字亦畬，外號李大先生。永年廣府城里西街人，清末舉人。1852 年他開始與其舅武禹襄習練太極拳。李亦畬精於技擊，拳理並茂。他一生放棄仕途，苦研武術，勤於著書立說，並繼承和完善了武禹襄的拳架和理論。他的著作有《五字訣》《撒放秘訣》《走架打手行工要言》《一字定軍訣》等，門下著

名弟子有李石泉、李遜之、郝為真、葛順成、葛福來等。

李啟軒（1835—1899），名承綸，字啟軒，李亦畬之弟。與其兄同學於母舅武禹襄，並與楊班侯交往甚密。亦得武禹襄太極拳之真傳，著作有《敷字秘訣》《各式白話歌》等，弟子中著名的有葛順成、馬靜波。

葛順成（1868—1932），字顯齋、咸義，人稱「葛老顯」，河北清河縣葛村人，為武式太極拳第三代傳人。他自幼習武，精通八方捶，後師從李亦畬、李啟軒兩位大師，練就了卓絕的太極拳技，並形成了自己獨特的拳法和風格，成為一代太極宗師。

葛順成從 1883 年前後開始跟隨李亦畬習練太極拳，並得到李啟軒的指點。1886 年，李亦畬來到清河縣葛村，居此 3 個月有餘，考察葛順成家風人品。在此期間，李亦畬曾對葛家的祖傳八方捶指點改造，後被當地人稱太極八方捶。1928 年，葛順成因患眼疾，幾乎失明，但他仍與弟子們接手打手，指出弟子們拳技的優劣。門下弟子主要有葛邵美（又叫葛金）、葛邵賢、葛邵廣、顧士文、顧印珂、霍夢魁。

關於葛福來和葛順成的關係及拜師的經歷，現今武術界的一些文章和書籍記錄多有舛誤，現特於此更正。

葛順成之堂叔葛福來為當時八方捶名家。當葛福來聞其侄葛順成隨直隸廣平府永年望族李亦畬學拳歸里，深得太極真諦，有絕技在身，並且打敗不少葛家八方捶子弟時，葛福來很是不服，遂讓葛順成帶他去與李亦畬切磋交流拳技。到了永年，李亦畬以儒生自居，言之雖身懷絕技

但不輕易示人。最後，經過葛福來先生多次請求，李亦畬遂同意其徒郝為真與葛福來交手比藝。

葛福來施展家傳八方捶向郝為真打去，不想處處受其所制，並多次被發出丈外，於是他心悅誠服也拜李亦畬為師。由於葛福來練八方捶已深，再改練內家拳較為困難，所以太極功夫所得不多。

李亦畬收葛福來為徒後，考慮到葛順成與葛福來是叔侄關係，難排輩分，便讓葛順成列在其胞弟李啟軒門下，而實際上葛順成多由自己親自教授。所以，葛順成深得李亦畬和李啟軒兩位大師的真傳。

葛順成同其師兄郝為真一樣，繼承了武禹襄、李亦畬兩位大師的拳理拳法，並完善、發展了太極拳理論，而以畢生精力致力於太極拳的研究、發展和推廣。葛順成所傳拳架保持了武、李拳式的原汁原味，簡捷縝密，法度嚴謹，開合有致，在武式太極拳的傳承中起到了承前啟後、中流砥柱的作用。經由郝、葛兩位大師的努力，武式太極拳走出永年之域，迅速廣傳大江南北，弟子遍及世界各地。

由於舊時代封閉授拳的制約和各種因素的影響，加上缺少應有的宣傳，致使現在人們對一代太極拳大師葛順成的生平瞭解甚少，甚至有些書籍對其生平介紹還存在一些謬誤，實乃太極拳界一大憾事，在此特更正之。

霍夢魁（1892—1963），河北省清河縣城南前倪村人，是葛順成的內弟。1910年拜葛順成為師，學練武式太極拳。據傳，霍夢魁還曾到廣府城拜會過李遜之。1938

年，霍夢魁應顧印珂的邀請，前去瀋陽協助教授武式太極拳。霍夢魁在瀋陽期間，曾擊敗過很多拳師，得罪人較多。後在弟子們的建議下，返鄉邀請後丁村閻志高一同去瀋陽協助教拳。故霍夢魁、顧印珂、閻志高 3 人也被譽為「清河三傑」。

顧印珂（1894—1973），亦寫作胤珂，河北省清河前壩營村人。因他在人前只練半趟拳，又被人稱「顧半趟」。顧印珂 16 歲時，拜師葛順成，習練武式太極拳，拳技高超。1926 年，他跟隨其父赴瀋陽開飯店，閒暇時教授太極拳。1933 年顧印珂正式開館授徒，館名「清河太極顧武館」。他與同鄉霍夢魁、閻志高被譽為「清河三傑」。

顧士文（1913—1990），河北省清河前壩營村人，武式太極拳第四代傳人，葛順成的關門弟子。顧士文出身於中醫世家，精易理，通陰陽，自幼隨從遠親葛順成習練武式太極拳，遂得其真傳，為其關門弟子。並常與葛順成的長子葛金（邵美）、三子葛邵廣切磋技藝，傳承武式太極拳。顧士文精通陰陽易理、醫術，因而對太極拳之奧妙心領神會，加之幾十年純功，默識揣摩，終於達到爐火純青之境界。顧先生曾於 20 世紀 50 年代參加邢臺地區武術比賽，獲得金獎。

顧士文終身行醫，崇尚醫德，救人於生死而不圖回報，在家鄉廣得鄉親敬重愛戴。他除行醫外，潛心致力於太極拳的研究、發展和推廣。顧先生門下弟子以其長子顧玉霞、次子顧連成（已故）、遠親宋保年、弟子邱金輝技藝最為精湛。

為了讓讀者更全面地瞭解顧士文先生，在此附上先生的墓誌銘：

先生姓顧，諱士文，鵬舉先生之次子，生於西元 1913 年，卒於 1990 年。直隸清河縣壩營人，娶妻張家屯張氏，生二子四女，長子玉霞、次子連成，皆精太極拳藝。士文公生而聰穎，幼習國術，於 1927 年師從清河太極名宿葛先生，得授太極拳神髓。蒙葛先生耳提面命，士文公苦志修煉，寒暑無間，越五年，藝臻大成，並常與葛公之子邵賢、邵美、邵廣切磋技藝，盡得太極三昧，拳術、推手皆臻化境，終其一生，未逢一敗。所謂葛先生者，順成公也，一名葛老顯，字顯齋。葛公師從廣府李亦畬、李啟軒二先生，為武式太極拳第三代宗師。

士文公精醫道，懸壺濟世，常為救死扶傷，晝夜奔波鄉里，以其妙手仁心，醫人無數，頗為鄉里所稱道。共和國成立伊始，百廢待興，士文公積極加入農業生產合作社，投身社會主義建設大潮，為當地水利工程事業做出較大貢獻。西元 1958 年 5 月 28 日，士文公作為清河縣唯一代表，曾參加邢臺專區武術運動會，以其精湛拳藝，技壓群雄，一舉奪魁，並榮獲獎章一枚，為清河縣增輝，亦壩營鎮之驕傲。

20 世紀 80 年代，公於邯鄲文化宮宏論太極時，突遭人背後偷襲，公竟能心領神會，以身化之，並令偷襲者跌撲丈外，技驚當場，贏得掌聲喝彩，公之太極神技，可見一斑。公曾與太極名宿傅鍾文、楊振基、姚繼祖等先生交流技藝，皆獲一致稱譽。《中國太極拳大百科》亦將士文公

收錄為太極拳十大流派優秀傳承人，實至名歸。

公之次子連成，得士文公真傳，拳藝精湛，曾多次赴廣府學習、交流，逢人較技，亦未嘗一敗。連成之子鳳軍，得其祖、其父薰陶，自幼習武，得家傳太極精髓，可謂一脈相承，後繼有人矣。為武式太極拳文化國寶大展宏圖，感念宗師，士文公百年，特立碑紀念。

顧連成（1948—2008），河北省清河前壩營村人，顧士文先生之子，武式太極拳第五代傳人。顧先生自幼便隨父親習練武式太極拳，系統修行數十年，功力深厚。由於外出辦事遭遇車禍留有後遺症，故較早去世，這是葛傳武式太極拳的一大損失。顧連成一直在老家教授拳藝，弟子眾多，主要有顧洪鋒、李杰、顧書超、姜尊雲、張印凡、代子軍、顧長安、任清華、任朋城、姜要挺、顧鳳軍、顧鳳瑩等。

宋保年，生於 1957 年，河北省清河後苗莊人。自 16 歲始師從顧士文先生習武式太極拳，得其真傳，完整繼承了武、李、葛三人太極之精髓。

宋保年先生全面繼承了葛順成所傳太極拳的拳理拳法體系，功夫精純，精於技擊，平素教拳授徒，始終恪守葛、顧二位前輩的遺教，嚴格保持了武禹襄、李亦畬宗師拳架的遺風，舒展緊湊，法度嚴謹，開合分明，使後人從中可得窺李亦畬大師所定拳架之原貌，為武式太極拳的發展和推廣做出了卓越的貢獻。

宋保年曾先後在邢臺、北京、廊坊、江蘇、四川等地教授拳藝，門徒較多，弟子、學員遍及海內外。主要傳人

有劉長深、陳樹昆、楊光、何欣委、宋桂仙（子）、宋桂雷（子）、唐景新、苟玉明、郭同柱、任方臣、程偉力、李曉萍、李曉穎、尹妍、范婷、任麗香、康豔秋、張振宇、王芃等數十人。

宋保年正式皈依道教、出家修行的經歷，也是一段膾炙人口的佳話。

2011 年前後，宋保年弟子楊光等人無意間送給他諸如《張三豐全集》《呂祖百字碑》等道家丹道內功的書籍，他在研讀中覺得與自己幾十年修煉的太極拳理法甚為相通，便致力研究道家內功與太極拳的結合，從此入神一發而不可收。

2012 年 9 月 11 日（陰曆七月二十六日），宋保年與弟子陳樹昆、楊光同遊北京白雲觀，當時恰逢張三豐祖師聖誕日，白雲觀內正隆重舉行祖師慶壽法會，他覺得甚為有緣，便產生出家修道的念頭。他回家後，經過弟子和家人的勸說暫時打消了出家的想法，但是他提出要去道觀體驗一段時間生活的願望。

在家人同意後，弟子何欣委、楊光遂與北京豐台區北宮娘娘廟聯繫，經道觀住持的准許，宋保年正式入住了娘娘廟道觀。沒想到這一住，竟然成就了他出家修道的願望。在娘娘廟生活期間，宋保年積極參與道觀日常生活，學習道教經文的持誦和易經的相關知識。經過個人的再三要求，2013 年他正式拜入雲南高道全真龍門派二十代弟子田明高道長門下，同年於娘娘廟道觀攜弟子楊光正式皈依道教三寶，成為道教弟子。

宋保年皈依道門後，更加精誠修行。經家人同意他開始蓄髮，於 2014 年正式冠巾，成了出家的道士，從此開始了修行生活，成為當代「以武入道，拳道合一」的典型代表。

（二）拳架特點

葛順成傳太極拳嚴格遵守王宗岳「太極拳論」，拳架小巧，法度嚴謹，內大外小，架式較低且緊湊、圓活輕靈。

搏氣內轉，潛氣內運。勁力以抽絲勁、黏勁為主，連綿不斷，滔滔不絕，鋒芒內斂，神意外顯。

每式皆按起、承、轉（開）、合演練，銜接自然，呼吸均勻自然。

架式低，且一些拳式與廣為流傳的郝為真拳架不同，保持了李亦畬拳架的特點，形成了自己獨特的風格。

開合分明，每式皆有合抱動作，開則俱開、合則俱合，每動皆循圈，外形上渾然一圓。

在推手上，講究黏勁和暗勁，不丟不頂，剛柔相濟。

在技擊上，接手便是推手，使人不得解脫，處處受制。

（三）強體健身作用

太極拳作為中國著名的內家拳法，今天已經發展成為一項大眾型全民健身運動。它適合不同年齡、不同性別、不同職業的各類人群練習，具有非常顯著的養生、養心及

健身作用。

下面結合葛傳武式太極的練法特點，簡要論述本派拳法的健身養生作用。

第一，練習葛傳武式太極可以改善和增強體質，提高人的適應能力，從而起到一定的防病治病作用。

葛傳武式太極重視「周身的協調一致性」，強調以「意」領「炁（氣）」，以「炁（氣）」運身，是一項全身的運動。並且在練功時，由形體的運動、呼吸的調整、意識的鍛鍊，帶動人體內各類臟器的運動，達到內外協調。因此，武式太極具有「按摩」內臟、調節周身內在平衡的作用，從而增強人們對外界的適應能力和免疫能力。

第二，練習葛傳武式太極可以促進血液循環，增強心血管的功能。

心臟和人體的血液循環系統是人體重要的動力系統和代謝系統。心血管功能正常，血流量動力充足，血管通暢，人體自然就會健康。葛傳武式太極強調「以心行氣」「以氣運身」「意在形先」，重視「心意」的引導作用。這種心意的前導作用配合特殊的形體動作，再加上腳底與地面擰轉對穴位的刺激，可起到促進血液循環、疏導血管的作用。另外，由腹式呼吸的配合，還可以極大地增加呼吸量，強壯心肌，從而提升心肺的功能，減少各類心臟、血管疾病發生的概率。

第三，練習葛傳武式太極可以改善人體呼吸系統的作用，調理和減輕各類呼吸系統疾病。

葛傳武式太極重視呼吸的作用，經由長期的鍛鍊和

「神意」的作用能夠在體內形成一種自然的內炁循環。由這種長時間的細、長、慢、勻的呼吸鍛鍊，可以疏通周身經絡，暢通呼吸道，對支氣管炎、哮喘、肺結核、肺氣腫等各類呼吸系統疾病有著調節和治療作用。

第四，練習葛傳武式太極可以開闊心胸、陶冶情操，提升生活品位。

當今時代，競爭激烈，人們的工作壓力大、生存成本較之以往普遍增加，處於亞健康狀態人群數量越來越多，亞健康已經成為對人們心理、生理健康的重要威脅。

葛傳武式太極要求練習者自然放鬆，在鬆靜中行功走架，摒棄了發力、震腳等劇烈動作，並且整個套路速度均勻，這些特點有利於引導練習者調整心態、舒緩焦慮情緒，從而達到開闊心胸、陶冶情操的效果。

第五，練習葛傳武式太極，由全身運動、按摩內臟、調理氣血，還可以塑造良好體形，提升人內外氣質。

綜上所述，葛傳武式太極具有很好的養生健身、調理身心的作用，是一項有利於大眾健身的，可普及大眾化的運動。

（四）葛傳武式太極拳傳承表

由於對武式太極拳其他支脈的傳承難以做到精確的把握，為了避免舛誤和誤會，在此，筆者只介紹清河縣顧士文先生一脈的傳承表。

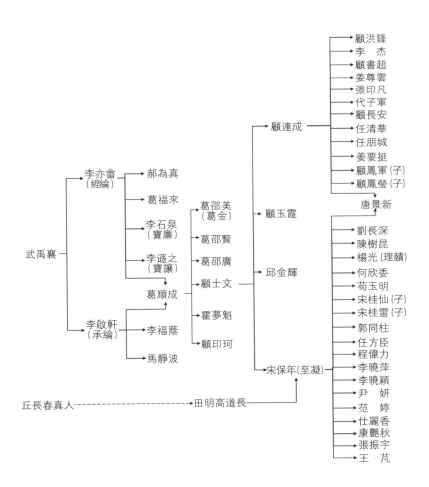

第二章
太極拳心法釋證

學習太極拳，首先要明白什麼是太極拳，以及為何說太極拳是內家拳。

其一，三豐真人曰：「故傳我太極拳法，即須先明太極妙道。若不明此，非吾徒也。」所以，欲學太極拳，要先明瞭「太極妙道」。何為太極妙道？三豐祖師曰：「太極拳者，其靜如動，其動如靜，動靜循環，相連不斷，則二氣既交，而太極之象成。內斂其神，外聚其氣，拳未到而意先到，拳不到而意亦到。」①

太極拳是一種重視神、氣、意的內家拳術。「二氣分，天地判，始成太極」。人之精神，靜則為神，動則為意，以意領氣，以氣運身，方為太極拳。習練太極，必從神氣意求之；若非如是，則必流於形，難得上乘。然而，欲得神氣合，必先求形架之周正、協調。

其二，學習太極拳，要明白太極拳不僅是內家拳也是內功拳，是修身養性、以達性命圓融的重要手段之一。三豐真人曰：「學太極拳為入道之基，入道以養心定性，聚氣斂神為主。故習此拳，亦須如此。」②養心定性是謂求取真意，聚氣斂神是謂凝神入氣。神氣合則大藥生，丹道可得。明代曹還陽真人曰：「仙道簡易，只神氣二者而已。」③可見，太極拳心法與傳統道家內功完全是一致的，修煉太極拳即是修煉「入道之基」。

---

①張三豐：《學太極拳須斂神聚氣論》。
②張三豐：《學太極拳須斂神聚氣論》。
③伍守陽：《天仙正理直論》。

其三，學習太極拳，更要明白太極拳理論與心法的重要性，太極拳不是單純苦練即可成就的拳術。

宋保年先生常說：「太極拳是理論拳，太極拳是講理的拳術。」最初，筆者只是天天苦練拳術，理論內容都是一看而過。習之多年後，透過每日盤架練功，方體悟太極之些許內涵，彼時又研讀《太極拳譜》一書，每每恍然大悟，愈發理解「太極拳是理論拳」之意，指導之理不同，理解層次不同，拳法境界相差甚遠。

時至今日，再次回頭玩味各家太極拳論，體悟與十餘年前又不相同，對「理」字的理解又有不同。太極拳真可謂愈玩味愈有深意，越練越有內涵，博大精深，與天地合其德，與萬物其理為一貫。

《張三豐以武事得道論》云：「蓋未有天地，先有理，理為氣之陰陽主宰。主宰理，以有天地，道在其中。陰陽氣道之流行，則為對待。對待者，陰陽也，數也。」《太極拳著解》也說：「人之一身，心為主而宰乎肉。心者，謂之道心，即理心也。然理中能運動者，謂之氣。其氣，即陰陽五行也。然氣非理無以宰，而理非氣無以行，故理與氣不相離而相附，此太極根無極者，然也。」

可見，習練太極除了要遵循太極拳之理外，還要感悟天地自然大道，從人生、社會、宇宙萬物中，體會天地之理、自然之道，融練拳與生活於一體，這樣方可體會到拳在生活中，「我」在道中。

另外，習太極拳，對於初學者來說，一定要遵循太極拳運行一定之規、一定之理，萬不可憑藉自己的小聰明，

斷章取義地理解某些拳論，反而覺得自己得了「真理」。要多學多問，尤其是要向自己的老師問。一個師父一個令，各個流派都有自己特有的體系。對於初學者來說，尚不具備辨別能力，自己功夫未上身之前，看多了、聽多了，未必是好事。要知道，自己的師父才是最好的標準。

太極拳練得一定基礎後，要多去領悟前輩們的心得，理明一分，境界便會隨之而提升；理不明，雖日日苦練，亦難得太極之三昧。

學習太極拳，更要重視實踐，在實踐中去理解理論，去體悟前輩的心法。因人體各異，無論是養生也好，技擊也罷，總之要在老師的指導下，在不斷的鍛鍊和摸索中前行。養生有養生的鍛鍊方法和原則，技擊有技擊的鍛鍊方法和原則，在這些方法指導下，自己還需要切身實踐，踐行拳術，方可有所得。那種把太極拳玄學化，妄圖以過多的思考代替苦練，期望有朝一日頓悟的想法是不可取的。

就養生而言，要根據自己身體的實際狀況規劃練習計畫。對於身體虛弱的人來說，更是要量力而行，循序漸進，一式一式地增加，隨著體力的增長、身體的恢復從而學全所有拳式。另外，對於養生為主的人來說，精神不要過度外放，要以內斂為主，起承開合要慢練，重在涵養元氣和精神。

就技擊而言，要多盤架、多單操、多推手交流。在推手中，不要爭強鬥勝，因為推手只是一種體會太極勁力的方法，而不是以決勝負為目的。要多詢問對方對於自己勁力的感覺，是否自己在推手中做到了不丟不頂，是否做到

了沾黏連隨，要不斷地根據老師的傳授和拳理心法來調整自己的練習方法，在推手實踐中提升自己的感悟境界。

綜上，太極拳是一門內外兼修的內家拳法，是與傳統道家內功吻合的內功拳法；欲練好太極拳，不但需要不斷的苦練和實踐，而且更要深刻體悟太極拳的原理與前輩們的心法。

一、八門五步

太極拳又叫八門五步十三勢，包括八種基本勁力和五種基本的步法方位。

《學太極拳須斂神聚氣論》云：「太極拳總勢十有三，掤、捋、擠、按、採、挒、肘、靠、前進、後退、右顧、左盼、中定，按八卦五行之生剋也。」《太極拳老譜三十二目》之「八門五步」亦云：「夫掤、捋、擠、按是四正之手，採、挒、肘、靠是四隅之手，合隅正之手，得門位之卦。以身分步，五行在意，支撐八面。」

可見，八門既是勁，也是方位，更是支撐八面之混合勁，總而言之，乃太極勁。五步是身法的前後左右中定之移動，不論己身移動到何處，己身即是中位，周身八面乃是八門，八門皆具支撐八面之掤、捋、擠、按、採、挒、肘、靠。

根據太極拳老譜以及河洛學說，八門五步可整理如下圖：

八卦	離	兌	震	坎	乾	巽	艮	坤
方位	南	西	東	北	西北	東南	東北	西南
勁力	掤	捋	擠	按	採	挒	肘	靠

八門示意圖

五步示意圖

　　上圖只是從太極八卦的角度來分析，在實際運用中，並非必須在某個方向才能使用對應的勁法。太極的八種基本勁法，可以在實際操作中靈活運用，自由組合，從而變化萬端，神鬼莫測。

　　太極、陰陽、八卦是闡釋宇宙萬物規律的基本符號，一處有一處之陰陽，處處總歸一太極。根據八卦兩兩組合，又演化為六十四卦；同樣，八種基本勁力，也可兩兩組合演化為六十四種勁力。如此不斷地拆分、組合，形成變化無窮的太極勁應用。比如，掤時，往往參合有擠勁和按勁；捋時，也往往參合有擠勁。

　　總之，太極變化莫測，不可以固定之方位、勁法來禁錮自己。假設自己的力量是對方的十倍，那麼自己以力勝人，又有何不可？難道還非要去運用太極的走化去拖延時

間嗎？希望求技擊者思索之。

二、長拳與單操

說太極拳是長拳，是指太極拳將多個零散的招式串聯起來，在練習中連綿不斷，運勁如抽絲，如行雲流水般順暢。王宗岳《十三勢歌》曰：「長拳者，如長江大海，滔滔不絕也。」

在初學太極拳時，以筆者學拳的經驗是先學練一式動作，每天要上千遍乃至數千遍反覆地單操這個動作。

單操時先慢練，在慢中體會太極拳的鬆、柔、靈、活；然後再快練，體會周身一家與六合歸一的統一整勁；最後再慢練，去回爐、品味這一式的內涵與用意。一式練上數週後，經老師檢驗無不妥之處後方才續學下一式。這時以下一式的單操為主，輔助以前後兩式的連貫。如此隨著所學招式的增多，自然將招式聯串起來，形成完整一氣的趟子。

單操練習還可以分為定步和活步，定步是基礎，活步是實用，兩者不可偏廢。實際上，若無對一個單式長年累月的單操訓練，是很難真正鬆下來並在實戰中隨心運用的。

在學完整個套路練習中，整套拳要一氣貫串、一個勁到底，不能有斷續、凹凸和不圓滿的地方。這就是把太極拳叫作長拳的緣由。

《宋遠橋太極功源流支派論》中也說道：「此式應一式練成再練一式，萬不可心急齊用，三十七式卻無論何式先何式後，只要一一將式用成，自然三十七式皆化為相繼不斷矣。故謂之長拳。」此可為佐證。

太極拳每一個式子單操訓練是需要方法和老師的言傳身教的。太極拳每一個式子都可分為起、承、轉（開）、合4個部分，太極拳的每一個運用又可分為擎、引、鬆、放4個部分，這是從練法和運用的講解上來說的。在技擊中，每一舉動的瞬間已經包含了太極拳的起、承、開、合以及擎、引、鬆、放。這些不經過長期的單操手和推手、散手訓練是難以形成潛意識反應的。很多未經單操訓練的太極拳愛好者的鬆沉體會，實際上只是個人意識中的感覺，而非真實，這也是很多學習太極拳的愛好者只能與練太極拳的動手，而難與外門接手的原因之一。本書將在後文中，對葛順成太極拳的每個式子單操訓練做詳細講解。

三、太極勁

很多人都知道太極拳有八種主要的勁力，即：掤、捋、擠、按、採、挒、肘、靠。實際上，這些不過是太極勁的運用分類，太極拳只有一個勁，也就是太極勁。能否懂得太極勁的內涵，就是能否懂勁的關鍵。那麼，什麼是太極勁？太極勁又是如何運用的呢？

首先，我們要先明白，何謂「太極」？太極與無極相

對應，無極是陰陽未分的先天虛空境界，太極是陰陽將判未判的臨界狀態。明代沖虛真人曰：「無極是一氣之極無處，太極是一氣之極有處。」

可見，太極是虛靜中將生而未生的中和、平衡態，是一氣妙有的生機；絕非單純的剛或者柔，而是剛柔動靜的混同平和，其不動則已，動則必中。那種過於強調劇烈發力的形態，絕非太極勁。

筆者曾體悟太極勁多年，卻很難找到能夠將太極拳描述清楚的語句。偶然一次讀《中庸》，發現其中的一句話令人豁然開朗，可謂對「太極勁」最好的注解，引用如下：「喜怒哀樂之未發，謂之中；發而皆中節，謂之和；中也者，天下之大本也；和也者，天下之達道也。致中和，天地位焉，萬物育焉。」這句話的關鍵在「未發」與「發而皆中節」，這是理解和用好太極勁的關鍵。

太極拳打人很省力，這個「省力」就是體現在太極勁上。省力不等於無力，按照現代物理學的觀念，不用絲毫力氣去打人是不可能的。太極勁是一種鬆靜圓活、剛柔相濟的高級勁力，而不是單純的硬力。

舉一個應用的例子來說明什麼是「太極勁」。當單推手時，對方向我按出，我不能完全沒有掤勁，否則對方可趁勢以按掌攻擊到我。我必然以掤勁敷住對方的勁，如此敵我雙方就保持了一種平衡，在此基礎上我方可進行走化，或者由「對勁」打擊對方。

這裏介紹一種兩人體會太極勁平衡訓練的方法，也是考驗兩人是否真把周身之氣鬆到腳下的方法。

圖 2-1

設對方將我的手按到我的胸部（圖 2-1），我不用撐腰吸胯之法走化，而是放鬆，將對方的勁以及我周身的氣，鬆到腳下地面。令對方直接與大地相抗衡，我只是一個媒介。如此對方便無法將我推動。若對方還能將我推動，便是我尚沒有真正做到鬆沉。這裏解釋一下為何真正做到鬆沉，對方反而推不動我。第一，人體重量一般在百斤以上，一般來說，推動一個一百斤的普通人，比推動一個一百斤以上的箱子要容易得多。這是因為，箱子是「死的」，它是在重力的作用下自然鬆沉，而一般人遇到外力作用，本能上是反抗和有所反應的，這就給人以機會。能夠體會到「死物」的那種狀態，是體悟太極勁的前提。多去體會，抱起一個醉漢容易？還是抱起一個清醒的人容易？能做到這種自然鬆沉，才可以真正具備太極拳的沾黏連隨；能做到沾黏連隨，才能做到走化；能走化才能拿勁；能拿勁，才能發放。所以，做到真正的鬆沉，是需要兩個人不斷地配合體會和訓練的。注意，在訓練中，我如果不能鬆沉到腳下，用本力去反抗，對方一撤勁，我必然向前傾倒（圖 2-2）。

若我能夠做到鬆沉對方的勁力到腳下，那麼就可以以意為先，訓練勁由地湧，原路逆對方勁路，將對方抵出去

圖 2-2　　　　　　　　　　　　圖 2-3

（圖2-3）。以上是雙人體會太極勁的方法之一，兩人要相互配合，相互餵勁練習。真得太極勁，對方無論從什麼角度、什麼位置來推自己，自己都可敷住對方，明裏是對方拿我，實際對方已被我所拿，此「拿」是拿勁，不是擒拿之拿。

　　一言以蔽之，太極勁就是武禹襄祖師說的四字秘訣「敷、蓋、對、吞」，後文再詳細論述。

四、立如平準

　　「立如平準」是王宗岳《太極拳論》中的一句話，如何理解很重要，如何運用更重要。平準實際指的就是天平，天平兩端的重量相同，天平的橫杆才能平衡，否則必

然傾斜。理解這個，是理解太極勁的關鍵，能立如平準，才能活似車輪。所謂「有準頂頭懸，腰之根下株。上下一條線，全憑兩手轉。」

那麼，太極拳的這個「立如平準」，是如何理解和運用的呢？我想單純的文字很難解釋，這裏我舉兩個例子來說明，什麼是太極拳的「立如平準」。

首先，講一個保持天平平衡的例子，以破擒拿為例。這個方法不是由動作來破擒拿，而是由擒拿的原理，從根上讓對方不得勁。想要拿住一個人，必然需要兩個點，且這兩個點的力必然是對立的，一上一下、一左一右、一前一後。比如，對方用兩手拿住我的腕關節和肘關節，意圖擒拿我（圖2-4）。那麼我如何不動身形讓對方不能得逞呢？事實上非常簡單，我的小臂就是天平的橫杆，我要「秤」出對方施加手臂兩端的力哪個大、哪個小，從而在

圖2-4

此基礎上，我放鬆周身，不與對方較勁，由調整自己小臂，也就是調整承擔兩個力的槓桿的位置、角度，來讓槓桿兩端的力達到相對平衡。如果對方施加在我小臂某一端的力較大，那麼我就由小臂槓桿角度、位置的調整，整合我的勁力與對方施加在我小臂另一端的力量，與之對抗。這樣對方無論用多大力都很難將我擒拿住。這就是「捨己從人，從人要由己」。

如果還不太明白，可以體會用槓桿去撬起重物，槓桿的支撐點不同，我撬動重物使用的力就會不同。所謂調整槓桿的位置和角度，就是調整「支撐點」。

由這種調整，我的小臂就能夠始終保持平衡，而對方的力、氣就被我的小臂所擎起。我略加小力向前，或向一側，對方必然傾跌（圖2-5）。注意，這一切的運用，都在內，而不在外，以意領勁，不能用硬勁，否則我之氣勁

圖2-5

圖 2-6

圖 2-7

也必然上浮。想想起重機是如何工作的，其勁源在下，不在上。李亦畬先生《一字定軍訣》中說的「上飄、中壯、下湧」就是這個道理。

再講一個破壞天平平衡的例子，以走化對方的勁力為例。對方要打我，就必然要接觸我，對方接觸我的那個接觸面，無論大小，它必然有陰陽、有對立。我只需敷住對方的勁，瀉其大的一側，補其小的一側，對方的勁必然傾覆，對方也必然跌出（圖 2-6、圖 2-7）。這也是太極拳補瀉氣力的應用，後面再單獨講解。

五、行氣如九曲珠

人體是一個整體，能整、也要能散。散得越細、散得

越小，太極拳的功夫就越細緻，能散到近乎空無，則太極功夫已臻化境。當對方的勁力一觸動我，而我從觸點，周身節節散開，對方的勁必然瀉掉，如擊打棉花，毫不得勁。

散，不是毫無章法的散，而是要如念珠般「一線貫串」。這根線就是氣、就是意。太極拳要做到靈活運用的地步，自己要能夠對身體有絕對的控制，周身能節節散開；周身能在意氣的貫串下，節節催動；周身某一個部分可以串在一起成為渾圓一塊；可以這邊整那邊散，也可以那邊整這邊散。

總之，要能在鬆空的基礎上隨心所欲。做到身體如管道、如線路，兩點對上，開關一開，水流、電流瞬間而至。在具體的訓練中，要透過兩人的互相餵勁來進行體會和練習。雙方要互相指出對方的問題，哪一下是多的，哪個勁化得好，哪個勁整得好。要多從實踐中吸取教訓、總結經驗。如此，太極拳功夫才能不斷地進步。

六、立木勁

能否用好立木勁是做到敷、蓋、對、吞的關鍵。那麼，什麼是立木勁？依然透過舉例來形象地說明：

一根木頭，豎直固定在一個圓盤的圓心。我若以圓盤的邊緣來抵抗對方的來勁，我的這根木頭很容易傾斜；而我以圓盤的圓心來抵抗對方的來勁，則我就有可能立住。

我如果再能由鬆沉將對方的來勁鬆到地面，那麼無論對方的來勁有多大，他也難以將我撼動。這就是立木勁，也稱立「中」。

當然，並非是在所有情況下，都可以很順利地、或者來得及調整方位以圓盤圓心來接住對方的來勁。這個時候，立木勁仍然可以使用。

這需要在意念上，從木棍的中段某位置衍生出去若干枝杈，來抵住圓盤的邊緣，圓盤的任何位置都可以很輕易地接住對方的來勁而保障圓盤不傾斜。這只是形象的比喻，在現實中如何運用，筆者在此以一個例子來描述立木勁的特殊用法。

對方兩手同時推我的右小臂，對方兩臂之力大於我彎曲的單臂。如果我不用左手去支援右臂，也不想走化，只是單純以右臂的力量反抗，就很難擋住對方的勁力。如果

圖 2-8

我用立木勁，就可以解決這個問題了。姿勢不變，不走化，我在意念中把右臂肘部以下部分扔掉不管，肘關節不再是一個關節，它與小臂是焊死的整體。同時，我周身合勁，力由地湧，去推我的右小臂。這樣就形成了立木勁，對方便很難推動我（圖 2-8）。

圖2-9　　　　　　　　　圖2-10

　　在使用立木勁的時候，雖周身合勁但要用意不用力，周身要放鬆，要以意氣敷住我的小臂和對方的勁點，對方有多大力，我就鬆沉到腳下多大勁，這時自然從地面湧出與之平衡的力。切記，不要用硬勁，否則對方勁一撤，自己必定前跌。

　　如果自己能夠用立木勁保持與對方的平衡，那麼自己多湧出一個暗勁，用意打對方的兩肩或夾脊勁源，對方必然被打出（圖2-9）。自己也可以在保持平衡的時候，擰腰走化，對方必定往一側傾跌（圖2-10）。這是立木勁，同時也是敷字訣的運用。能用好立木勁，才能真正明白「亂環訣」中說的「發落點對」。

　　訓練自己的立木勁，同樣需要兩人配合練習。讓對方從不同角度來推自己，無論正面、側面、背面、上面還是下面，自己能做到用立木勁以接觸點敷住對方，拿住對方

的勁源。這是第一步。

然後，讓對方隨意拿住自己的兩臂或抱住兩腿，把自己拿成背勢（不利於己的形式），自己還能運用立木勁，以接觸點拿住對方的勁源。這樣，立木勁和敷字訣方算掌握。

最後，還要訓練接手，對方不論從哪個角度，以多快的速度打向自己，自己都能從合適的角度接住對方的勁，並同時拿住對方周身的勁源。這時，方可把太極拳用於真正的實戰技擊。

七、銼　勁

銼勁同樣是一種形象的說法，這種勁如同用鋼銼去銼木頭，以鋼銼敷貼住木頭，用力往前銼進。在太極拳中，銼勁一般在對方勁力較大，自己難以掤住時使用。此時，我們不能運用立木勁去抵對住對方的勁點，而要以我的勁路的側面，貼敷住對方來勁的側面，往前銼，往前鑽，則對方之勁必然被我銼開，並同時被我敷住。此時，我以捌勁、橫勁打擊對方，從而克敵制勝。銼勁要在立木勁掌握的基礎上方可靈活運用。

下面舉一例來說明銼勁的運用。

當對方以反關節技擰拿我的右臂，若對方的本力非常大，我無法由普通的動作走化，此時我可以我右臂內側面貼敷對方的勁路，往前銼進，同時加以向右側的捌勁，則

對方的勁力必然落空並為我所拿。這依然是以勁路拿人，
而非擒拿。（圖 2-11、圖 2-12）

圖 2-11

圖 2-12

八、動中寓靜、靜中寓動

太極拳不是絕對的靜，也不是絕對的動，是動中寓靜、靜中寓動。這句話說來簡單，理解不容易，做到更難。動中寓靜、靜中寓動，不是單純指快和慢、動和靜，而是動中有靜、靜中有動，也就是太極圖中的陽中有陰、陰中有陽。

太極拳的動，不是妄動，而是能夠沾黏連隨，敷住對方勁路而後動。這個沾黏連隨，這個敷，就是動中之靜。所以太極推手切忌隨意亂打輪、亂擰腰地試圖走化對方，結果反而會處處為人所制。太極拳的靜也不是單純的靜止，而是形體的靜（平衡）中，含有內在以意領勁的動。動中寓靜、靜中寓動的關鍵就是「敷」字法訣的運用。敷字訣可謂之太極拳的總樞紐。

九、開中寓合、合中寓開

開中寓合、合中寓開，從字面上很容易理解，無外乎開中有合、合中有開。如何體現、運用之，我從練法和用法兩個方面來加以解釋。

從練法，也就是盤架子上看，每一式可分起、承、開、合，合為蓄，蓄中含有開之意；開為發，發中含有六

心合一之意。所謂六心合一，是指兩手心、兩足心、本心
（胸心）、頂心（百會）向一個點上，含有聚合意。這個點，
也就是落點。這就是盤架子上的開中寓合、合中寓開。

　　在用法上，開中寓合、合中寓開，很難用文字表達，
我以具體的例子來解釋。

　　開中寓合：假設對方在推手中將我的兩臂分開（圖
2-13），我的兩臂可以隨對方而開，但是我的夾脊則隨著
兩臂之開而合住。在對方的勁路將要走盡的時候，我以我
合住之夾脊，打擊對方的後背（勁源），則對方必然被發
出（圖2-14）。

　　合中寓開：假設對方在推手中，將我的兩臂合住（圖
2-15）。則我的脊背在兩臂合住的同時打開，當對方的勁
走老之時，我以脊背發力，打擊對方的後背（勁源），則
對方必被發出（圖2-16）。

圖 2-13

圖 2-14

圖 2-15

圖 2-16

以上兩例，若我只是隨對方把我的兩臂分開或合住而去以兩臂抵抗對方的來勁，則我必被發出。這就是開中寓和、合中寓開的應用。

十、太極補瀉氣力解

　　「太極補瀉氣力解」曰：「補自己者，知覺功虧則補，運動功過則瀉，所以求諸己者不易也。補於人者，氣過則補之，力過則瀉之，此勝彼敗，所由然也。」又曰：「補氣、瀉力，於人之法，均為加過於人矣。補氣名曰結氣法，瀉力名曰空力法。」這對於一般的太極拳習練者來說很難理解，但是補瀉氣力確是太極拳運用的關鍵。補瀉氣力分為對己和對彼，又分補和瀉兩個方面。

　　對於自己來說，要不斷地鍛鍊自己的知覺之功，也就是「聽勁」之能力，所謂「運而知，動而覺」，這是補。另外，要慢慢將自己的運動練得更加圓滿而沒有凹凸之處，這就是瀉，瀉掉自己運動中的「過猶不及」之處。因為，自己的運動也會讓對方知覺和聽勁，所以自己的運動越細膩越好，越隱蔽越妙。「無使有凹凸處，無使有斷續處」，這就是瀉。

　　對於對手來說，氣過者，努氣使力也。在其主動攻擊我的時候，我補之，讓對方的勁力走老，則對方的平衡必被破壞而傾跌。而對於對方勁力過大的勁點，我要瀉之，讓它走空，則對方兩端的力將失去平衡，若我在將其「過處」補得更大些，對方必然傾跌。在此，可能有人會質疑，對方的勁路為何必然有兩端，有實有虛地讓你去補瀉？事實上，如果一個人的勁路沒有虛實，他就無法去攻

擊對方，太極分了陰陽才能運用。前實必後虛，前虛必後實；上虛必下實，上實必下虛；左虛必右實，左實必右虛。我舉兩個具體用法的例子來說明，可以舉一反三。

其一，講一個補的例子。假設對方拿住我的手腕，將我的手往上折，意圖以擒拿反關節制服我（圖2-17）。我隨著對方向上折我手腕之勁路，主動敷住對方並將手腕上提，則對方的力必然走老，而失去平衡。如此我再加以向前之擠勁，對方必被發出（圖2-18）。

其二，講一個瀉的例子。假設對方兩臂分別搭在我的兩臂上，同時對我進行推按（圖2-19）。一般對方哪條腿在前，則相應的那個手臂即是主攻的手臂。這時我左臂變虛，隨對方的右臂前推之力而瀉之。對方主攻之手左臂之力被瀉後，也必然因失去平衡而變弱，同時我以右臂攻擊

圖 2-17

對方的左臂，令對方失去平衡的「過」變得更大，更加失
去平衡，則對方必然向我的左側傾跌（圖 2-20）。

圖 2-18

圖 2-19

圖 2-20

十一、後發先至：抄近路與先下手

　　習練太極拳雖然是以走化對方勁力、以柔克剛為本，但是仍然遵循「先下手為強」的規律。先下手與以柔克剛似乎矛盾，實則不然。宋保年老師在教推手時，常說「太極拳仍然要先下手，不然就無法得機得勢，所謂『搭手遇掤莫讓先』①」。要想充分理解這句話，就要徹底明白太極拳到底是如何克敵制勝的，太極拳重走化，核心在沾連黏隨。不能做到沾連黏隨，就無法走化對方的勁力，就無從拿住對方的勁路，制服對方。王宗岳《太極拳論》說：「人剛我柔謂之走，我順人背謂之黏。」不能做到我順人背，就無從沾連黏隨。所謂「先下手」，就是要「奪位」，我佔據有利的空間位置，就做到我順人背。

　　宋保年老師在講太極的「先下手」時，還做過如是解釋：「太極拳打人都是抄近路，有些拳術看著很快，實際是繞遠了，反而沒有太極快。有時候慢就是快。」這句話含義很深，要從太極拳的「知覺運動」上來理解。《太極拳老譜三十二目》中的「固有分明法」說：「夫運而知，動而覺。不運不覺，不動不知。運極則為動，覺盛則為知。動知者易，運覺者難。」所以，太極拳所謂的先下手，就是指不待對方發動，在其「運」之時，我已

①楊班侯傳《太極九訣》之「八字法訣」。

「覺」，料敵之先，封其勁路，做到我順人背，從而後發
先至，克敵制勝。用通俗的話說，就是搶佔有利的空間位
置，在有效的時間內制服對方。

　　如何做到後發先至，又如何能夠在平等較量的情況下
做到抄近路呢？這需要長期的接手訓練來實現。對於太極
拳來說，不能夠有效地接手（指的是散手搏擊中的接手，
不是推手的先搭手再較技），就無法真正地把太極拳運用
到真實的實戰中去。接手訓練如何呢？首先，需要老師示
範太極拳典型的接手方式（包括步眼身法），習者需要去
體會和模仿。然後，要找一個搭檔，讓對方以不同的速
度、不同的角度、不同的力量去變換進攻自己，而自己以
太極拳的技法接手快速做出走化。搭檔要及時給以回饋，
以利於習者及時瞭解自己的缺陷。

　　接手訓練主要訓練三種能力：其一，對技擊距離的把
握和控制能力；其二，對他方出手路徑的預知能力；其
三，接手後對他方勁力的沾黏與走化能力，能否在接觸後
瞬間敷住對方。

　　對方進攻的方式很多，可謂變化多端，所以自己接手
的方式也必然不能墨守成規，要不停地從訓練中總結經
驗。在接手訓練中，自己一定要運用太極拳的技法和勁法
去接手和走化；如果脫離了太極拳的理法，那麼也就失去
了接手訓練的意義。因為你練的已經不是太極拳了。

　　在此，略舉兩個常用的接手方法。

　　其一，我以太極式預備。設對方以直拳向我打來，我
用三角步，左腳向左側開步，接著右腳快速上步，左腳跟

步，同時右手主動去接對方的小臂並上掤。這樣，我就改
變了對方的勁路，並佔據了有利的空間。（圖 2-21、圖
2-22、圖 2-23）

圖 2-21

圖 2-22

圖 2-23

圖 2-24　　　　　　　　　　圖 2-25

其二，我以太極式預備。設對方以右手直拳向我打來，同時我上右步，右臂向右螺旋鑽出，以手腕接對方的小臂。注意：我的右臂要始終指向對方的中線。如此，對方的拳必然沿著我手臂的螺旋方向，向我的右側滑落。（圖 2-24、圖 2-25）

十二、輕如楊花，堅如金石

《太極拳推手原解》中有「輕如楊花，堅如金石」之說。太極拳剛柔並濟，二者不可偏廢，所謂「柔裏有剛攻不破，剛中無柔不為堅」。①剛缺柔，是為蠻力；柔缺剛，

①楊班侯傳《太極九訣》之「八字法訣」。

是為疲軟。不能做到剛柔相濟，就無法做到懂勁，無法聽勁，更無法沾黏連隨。

太極拳的堅剛，是運柔成剛，是在長期的放鬆訓練中形成的沉，是力入骨髓的骨力，所以太極拳是綿裏裹鐵、綿裏藏針之術，外鬆內堅，外圓內方。能做到鬆沉，方能做到真正的柔化，所謂「極堅剛，才可極柔軟」。

要做到輕如楊花、堅如金石，就要真正理解什麼是「收斂入骨」？什麼是骨力？只有真正體會到了骨力，才能真正明白何謂太極拳的綿裏裹鐵、綿裏藏針。

那麼，如何體會到骨力，如何練出骨力呢？簡單地說，就是放鬆，鬆到空。鬆的層次決定了太極拳的境界。要做到真放鬆，實際上是沒有捷徑可走的，只有多練。

在練習中，首先思想和意識要先放鬆、要靜，這是先決條件，然後身體才能做到鬆。只有鬆到一定的境界，鬆到周身皮肉筋絡都空掉了，才能感受到收斂入骨，感受到骨頭的力量。

有人說，你每天盤兩遍架子，是否能感受到鬆？我覺得每天盤兩遍架子只能感受到相對的鬆，是難以體會到鬆到骨髓的真空。真正的空，是身心彷彿融化般的虛空，只有一靈獨覺於天地，無有其他。要想較快地練到收斂入骨，練出真空，可以多站樁、多單操，同時配合盤架子，只有如此才能較快地體會到鬆。當練到周身無力可用，再出的力才是相對的內勁了。所以，不練到夠量的那種鬆的體驗，只不過是紙上談兵罷了。

關於如何透過站樁來體驗鬆空，將在後文中詳細講

解。這裏我們只介紹一種骨力的相互體驗對練方法。甲站立太極式，伸出一臂，做掤動作，站定不動。乙去推甲的手臂，可隨時調節勁力的大小去推甲方。不論乙方力大力小，甲方始終要保持掤的姿勢不動，且不可用硬勁和肌肉力去抵抗。甲方要做的唯一一件事就是放鬆，將對方的勁鬆沉到腳下，另外要保持周身整勁，關節處不得被對方「壓扁」。此時，乙方的感覺應該如同去推牆，無論如何推，牆壁紋絲不動，自己如同皮球撞壁，可能被反彈而出。自己用力大，感受的反作用力就大；用力小，感受到的反作用力就小；自己不用力，就感受不到甲方的反作用力；自己突然撤掉推力，甲方不會被閃到。如此方為得法。甲乙雙方要長期互換訓練。（圖 2-26、圖 2-27）

乙　　　　　甲

圖 2-26

乙　　　甲

圖 2-27

十三、太極丹田功與人體太極球

　　練習太極拳要時刻氣沉丹田，以丹田內氣鼓盪帶動外形運動。要時刻做到神清氣舒，如此才可以周身渾圓，無有阻滯。做到了氣沉丹田，自然沉肩墜肘、胸如瓦壟、背如鍋底、神貫於頂。觀太極是否做到氣沉丹田，以上述幾點即可判斷。做到了氣沉丹田、身心兩靜，還要從靜中體察內氣的運轉，以外形引動內氣的鼓盪，以內氣的鼓盪催動外形的運轉，如此方謂內外兼備之內家拳。否則，雖名為太極，實仍為外家。

　　太極拳大師張楚臣說：「沉氣於腹，以意定之，不得

妄提，聚而鼓盪，狀若璇璣。意活而運，氣如轉輪，其要不離腹中，此所以刻刻留意者耳。神領全身，以手為先，腳隨手動，身隨腳轉，意與神通，氣隨意走，筋脈自隨氣行，此所以舉動用意者耳。」又曰：「夫太極拳，內氣之鼓盪運動，須與外形之勢同。」張楚臣先生此段論述可謂太極拳丹田內功之精髓，能時時察而行之，內功自得。

功夫至此，身形亦會隨之而變化，小腹和脊背自然隆起，與脊柱正好形成人體之太極圖。神意一動，自身太極隨之而動，內氣引領周身，胸腹折疊往復，手足四極運轉無缺，無論對方如何進攻，必然被己之內氣蕩滌於無形。

人體太極球可在站無極樁時體驗，關於無極樁的練法在後文中將會詳細講解。

十四、神打、氣打、形打

訣曰：以神擊敵為先，身未動，威先發於瞳，傷敵之神，令敵膽寒；以氣擊敵，勢未成，而無畏浩氣出，破敵之氣，令彼心怯；以形擊敵，伺敵身動，應形合之，制敵之形，令彼跌仆。

太極神打，實際即是目擊。經由太極丹田內功的鍛鍊，氣沉丹田，神貫於頂，兩目炯炯有神，以神攝敵，敵為我神意所罩，不敢妄動。然此類功夫，並非對所有人都有用。神打絕非瞪大雙眼，乃是神凝而後自然形成。目擊也必與氣打、形打相應方可事半功倍，絕非另有一門神打

淩空勁的功夫。

太極氣打，是為以己之氣敷、蓋、對、吞對方之氣，使敵有氣無力，難以奏效。敷、蓋、對、吞是武式太極拳宗師武禹襄先生的四字秘訣。武宗師曰：「此四字無形無聲，非懂勁後，練到極精地位者，不能知全。是以氣言，能直養其氣而無害，始能施於四體，四體不言而喻矣。」能用好敷字訣是懂勁的關鍵，在此基礎上還要懂氣口功夫，方可達到內家拳的上乘境界。

何為氣口，一言以蔽之就是呼吸。氣口功夫就是研究如何充分利用呼吸來技擊的一門功夫。簡單來說，一般人練功，合為吸氣，開為呼氣。我運用太極敷字訣是先封住對方的勁路，封住對方的呼氣，讓對方要呼出之氣無法呼出，要打出之勁無法放出。這是氣口功夫。反之，我以吞字訣，吞化掉對方的來勁，讓對方失重，呼出之氣無法收回，當對方之勁難以為繼，必然傾跌。這也是氣口功夫。此外，當對方將要收勁，內氣將要收納，我趁勢將勁打入對方體內，這必造成對方重創。這更是氣口功夫的典型打法。從本質上說，氣口功夫對彼的應用，就是由我之敷蓋對吞，令對方的呼吸、內氣升降與動作失去關聯。

以上三種都是針對制人而言，對於煉己，氣口同樣重要。如何在盤架中，做到內氣升降順暢、呼吸與動作完全吻合，這也同樣需要長期的靜心練習。要真正明白氣打和氣口功夫，需要在內功修持上達到胎息，到了胎息境界，我之呼吸才可隨心，我之勁力方可做到真正的綿綿不斷，從而可以利用對方的呼吸吐納重創對方。

　　太極形打，透過以意領氣，以氣運身，周身一家，綜合運用手眼身法步，克敵制勝。絕非是透過努氣、蠻力而打，所謂「心為意，氣為旗，神為統帥，形為驅使。」所以太極拳的神打、氣打和形打是統一的，只是功夫越深，融通得越緊密，舉手投足自然六合歸一。

十五、勁由地湧，邁步如貓行

　　太極拳身隨步轉，勁由地湧，邁步如貓行，運勁如抽絲，以步合氣。能體悟此者，方可得太極內功之三味。至此，太極內勁之運轉極為細膩，似從地底噴出，如同泉湧，由自身形體，無阻無礙，全體透空，達於梢節。

　　欲達到上述境界，必仔細體悟太極的行步功夫。在練功時，不僅要體會上身、兩臂的鬆，而且不能忽略腰、腿、足的鬆。只有周身鬆到足底湧泉，兩足如同吸盤將身體吸在地面，周身才方可鬆靈。如此，再體會提步似從泥漿之中拔出腿腳，落地如同車輪之輻輻落地，周身如同在河底中推車而行，則太極周身渾圓勁得矣。如此練習再至於空靈，功夫已然由精入於玄妙之境矣。

　　要想更快地體會勁由地湧的境界，同樣需要兩人互相練習、體會。

　　下面以摟膝拗步為例，來簡單講解如何餵勁來體會勁由地湧。甲方用摟膝拗步的姿勢，一掌按於乙方胸前。乙方要盡全力站定，不要讓對方把自己推動。甲方不可用硬

勁，不可離開對方有距離地撞擊對方，只可以像盤架子一

乙　　　　　　　甲

圖 2-28

乙　　　　　　　甲

圖 2-29

樣，正常打一式摟膝拗步。練習者要體會「隨風潛入夜，潤物細無聲」的意境，體會內勁由地面像泉水一般慢慢湧出向上傳到手。乙方要體會對方的勁是否是柔勁？是否有逐漸的滲透感？若對方還是有硬勁，則無論是否被對方推動，對方都一定不是太極勁。乙方的感覺當是對方的勁像溪水潺潺而侵入，當水流積累到了一定程度，自己如同被一堵牆抵出去一般。又像洪水慢慢積累，當堤壩突然崩潰時，洪水一瀉千里，如摧枯拉朽般衝垮一切阻擋。乙方要及時地把感受說給甲方。雙方如此互換練習體驗。（圖 2-28、圖2-29）

十六、太極圈

談起「太極圈」，時下有些人認為是練習太極拳，就可以在身體周圍形成一個「氣場」，對方打來，身體外的氣場就可以禦敵。這完全是神話了太極拳，至少筆者至今尚未見到有如此功力之人。

那麼什麼是太極圈呢？筆者認為是在練拳和對敵中，時時不離中定，自身不論處在何處，己身即是中位，不論對方如何打來，我皆可由太極拳的各種勁法、手法在有利於自己的角度和距離去接手，從而走化對方的來勁，克敵制勝。換一種說法，在技擊中要隨時找到有利於自己的方位，破壞對方的中位，使對方失勢。所以太極拳技擊實際是一種爭奪有利時空的較量，誰能穩住自己的陣腳，佔據有利位置，在合適的時機打擊對方，誰就能夠取得技擊的勝利。這就是太極的「我順人背謂之黏」。所以，太極圈是一種對太極拳有深入研習並達到相當境界後，周身如同一圈的自我感覺，對手也能感覺到我方如同周身混元一體而無從下手的體驗。這是一種功夫達到一定境界後玄妙的神意體驗，而非真正周身有所謂的氣圈。

另外，對方也是一個太極圈，我若要擊敗對方，也需要進入對方的圈子，要打開對方的防守，破壞對方的「中定」；同時，也必須讓對方難以進入自己的太極圈，保持自己的「得機得勢」。所以，太極圈歌訣曰：「退圈容易

進圈難，不離腰頂後與前。所難中土不離位，進易退難仔細研。」

因此，太極圈可以形象地描述為：在技擊中，保持自己處於有利地位，運用步法的前進、後退、左顧、右盼，運用周身的各類勁法：掤、捋、擠、按、採、挒、肘、靠，去禦敵於對自己有利的時間點和空間區域，如同自己處於一個球形保護罩中。

在技擊中保持自己的「太極圈」不被攻破，並能有效地攻破對方的「太極圈」，是有一定的訓練方法的。筆者在教學中，常常透過推手、餵勁、引手和餵手的練習，讓學員快速達到相應的攻防能力，並提升學員的攻防意識。透過推手、餵勁（上面舉例的練習方法大都屬於餵勁練習範疇），學員能夠快速體會到太極拳的勁法，並能相對快速地掌握太極勁；透過引手、餵手讓學員具備一定的攻防意識，提升聽勁、接手、防守在散手實戰中的應用能力。

所謂引手和餵手的練習方法，我們採用的是：一方主動進攻另一方，另一方只可防守走化，不可進攻；然後互換練習；最後做到一方在防守、走化中，憑身法和神接、氣接而讓對方摸不到自己。至此，則太極拳的手眼身法步方算練到上乘。

十七、先煉開展、後煉緊湊

《太極尺寸分毫解》曰：「功夫先煉開展，後煉緊

湊。開展成而得之，才講緊湊。」太極拳練習要先透過開展、大開大合來規整自己的形架，透過規範和大開大合的拳架來調整周身的不協調和不如法的地方。在開展的練習中，初學者更容易發現練習中身體的「凹凸處」「斷續處」以及僵滯不舒服的地方，從而能夠在後續的練習中有的放矢，並針對性地調整、矯正。

另外，開展的拳架還有利於展筋騰膜，利於打通周身的關節和筋絡。待周身圓活自如後，可逐漸縮小動作幅度，由大圈到小圈、由小圈到無圈。無圈者，圈圈存乎一心及丹田也。如是則可身法、步法更加靈活多變，在推手和散手中得心應手。

《太極拳用功歌》中也講：「前所轉圈猶嫌大，此圈轉來愈覺小。越小小到沒圈時，方歸太極真神妙。」實際上，當太極拳練到一定境界，自然地會把架子盤得越來越小、越來越緊湊。如果太極拳始終都是一個大架子，那麼對太極拳的體悟還是有問題的。

練習、體會太極拳的開展與緊湊，只是盤架子，恐怕很難短期內體會到。

筆者在教學中感覺，可以透過太極單操手來體會，比如攬雀尾的單操，一次單操1000遍，前800遍可以大開大合，後面的200遍可以去找一找緊湊。當一個動作練了800遍後，身體自然就鬆活了，就可以很快體驗到緊湊鬆活的感覺。

其一，開展的攬雀尾單操。（圖 2-30 ~ 圖 2-33）

圖 2-30   圖 2-31

圖 2-32   圖 2-33

其二，緊湊的攬雀尾單操。（圖 2-34 ～ 圖 2-37）

圖 2-34

圖 2-35

圖 2-36

圖 2-37

十八、太極全力法訣

《用武要言》曰：「心要佔先，意要勝人。身要攻人，步要過人。頭須仰起，胸須現起，腰要豎起，丹田須運起，自頂至足，一氣相貫。」換句話說，就是要做到周身統一整勁，六心合一。

如何做到周身一個勁，六心合一呢？太極拳《全力法訣》曰：「前足奪後足，後足站前蹤，前後一條線，五行主力攻。打人如親嘴，手到身要擁，左右一面站，單臂克雙功。」

也就是說，在步法上，要左右一面站（側身並偏沉則隨，前虛後實）；要兩足前後一條線，在移動中要前足領（奪）後足，後足催前足（站前蹤）。從而運用步法的相隨，帶動身法的隨，這樣才能做到力從地（足）湧，手到身要擁。

太極拳如果做到全力法訣，做到了六心合一（兩手心、兩腳心、頂心、本心相合），就可以在技擊中得心應手，觸敵即發，觸敵猶如火燒身。

實際上，全力法訣是太極拳的綜合運用，如果初學者想相對快速地體會全力法訣，可以由雲手加上步法的連貫訓練去體會。在練習中，不要用力，完全用「隨」法，前後足相隨，腰身、手足上下的相隨。長期鍛鍊可以練出變幻莫測的身法。

　　在此，筆者僅介紹雲手在一個方向上的單操練習，練習熟練後，可以如同八卦掌游身一般隨意變換方位練習。

　　練習者虛步站立，重心在後腿，前腳尖虛點地，兩腳呈30°到45°之間，不可超過45°。兩臂呈雲手式，也叫懷抱七星式（圖2-38）。

　　接著，後足催前足，前足前奪，後足再跟進；同時，兩手向前隨步法、身法雲出（圖2-39）。

　　再後，兩手後雲，再恢復懷抱七星式（圖2-40、圖2-41）。如此反覆練習，熟練後，可以隨意變換方向、方位進行綜合訓練。

圖 2-38

圖 2-39

圖 2-40

圖 2-41

十九、太極拳的快與慢

　　練習太極拳是快好還是慢好，這個問題讓初學者很困惑。就筆者的經驗來說，太極拳的快和慢要分階段、分情況來講。

　　首先，在初學太極的時候，要做到慢、做到勻、做到細。在慢中去體會自己的動作是否準確、到位，並在老師的指導下不斷地糾正和改進。當姿勢動作完全準確後，要在慢中體會內在勁力的運轉、氣機的升降與周身的動作是否相隨，是否還有斷續和凹凸的地方，從而不斷地發現問題，並不斷地調整提升。

　　其次，在做到了太極拳內氣、內勁與動作、步法的協

調一致後，可以在練習中適當地增加速度，並做到無人似有人，從而在意識中演繹每個動作的用法。在快練中，要注意做到周身不可散漫，要快而不亂，從而鍛鍊周身在快速應對中的相隨。但是，快練仍然不能作為日常功課的主課，平時練功仍然要以慢練為主。

最後，當功夫進入一定層次之後，會越練越慢，甚至不想去動，周身進入一種混沌狀態，如入杳杳冥冥之中，一趟拳架可以打上一小時，甚至更久。至此，太極拳方謂進入一種體察入微、運柔成剛的境界。至此，功夫方可具有向更高的「神意」境界提升的可能。

二十、靜字訣

習練太極拳要做到靜。宋保年先生說：「練拳不但要做到心靜，更要做到形靜、氣靜、意靜、地靜。」

所謂心靜，就是要心平，意不妄動，氣才能和，神才能斂，這是內。所謂形靜，就是在練拳和對敵時，動作要相隨，要靜中觸動動猶靜。所謂氣靜，就是呼吸要細、長、慢、勻，呼吸帶動內在氣機升降要平和，從而做到練拳和對敵時的從容不迫。所謂意靜，就是意識不妄動，要捨己從人，意與形相應，與對手相應。所謂地靜，就是練功的環境要安靜，從而有利於專注。

在對敵中，做到了靜，才能靈，才能料敵之先，從而做到提前察覺對方每個動作的先兆，並以合適的角度和距

離去接手，封住、走化對方的勁路，從而克制對方，這就是知覺運勁，也就是彼不動、己不動，彼微動、己先動，後發先至。

二十一、靈字訣

練習太極拳做到了靜，下一步就要向虛靈上發展，只有周身輕靈，勁力才能輕靈，進退才能自如，運用才能變幻莫測。太極拳要做到靈，要注意四個方面的功夫。

其一是虛實相間。所謂虛實相間，也就是一陰一陽，無論是在拳架上，還是在技擊中，都要體現虛實、陰陽。否則是「雙重之病未誤耳」，所謂「偏沉則隨」。只有在勁力上、形體上、步子上、神意上做到虛實分明、相間，才能在運用中得心應手。比如左手勁實則右手勁虛，左腰實則右腰虛，前實則後虛，只有周身虛實分明，環環相扣，才能使敵陷入亂環當中，失去重心和「主宰」，落入自己的太極圈中不得解脫。

其二是全體鬆空。太極拳體會和做到了虛實相間，陰陽變化，下一步要更深入地做到周身的鬆和空。鬆和空不僅是形體上，還要進一步體現在氣、意和神上。在練拳之前，做到周身放鬆，從頭到腳、內氣呼吸、精神意識都要逐步、逐節、逐呼吸有意識地鬆開。每個關節，每塊肌肉，甚至每根毛髮都要鬆開、空透。至此，功夫方能進入太極混沌之境界，從而靜極生動，開始行功走架。因此拳

論說：「以心行氣，務令沉著，乃能收斂入骨。以氣運身，務令順遂，乃能便利從心。」這種全體透空的功夫，在一定程度上還要在站樁中去體驗，由外而內，空掉皮肉、空掉筋骨、空掉骨髓、融入虛空。

　　其三是鍛鍊腰功。拳論說「命意源頭在腰隙」，所以練習太極拳要特別關照自己的腰胯和丹田。在行功走架中，要時刻注意腰部是否與周身、四肢相配合，動作是否「主宰於腰」。由丹田的運轉、腰胯的虛實變化帶動、控制周身運轉和步子的前進、後退、左顧、右盼。

　　其四是一氣貫串。所謂一氣貫串是說周身要有整勁、合勁、勁聚一點、內氣一氣貫通，周身無有斷續、凹凸之處。在盤架子中，每一式都要一個勁，合住勁；在走化中，虛實兩端、陰陽兩極要相互配合，協調一致，如大小齒輪般，齒齒吻合；在技擊發放中，內勁要呈離心力般，貫通無礙。要做到一氣貫串，就要多多體會前文所說之「六心合一」，更要體會藕斷絲連、形斷意不斷。

二十二、斂字訣

　　太極拳「斂」字訣，講的是氣的運用，實際就是道家內功「心息相依」在太極養生和技擊中的運用。拳論中「以心行氣，務令沉著，乃能收斂入骨」講的就是心息相依。由神意與呼吸的相合，去帶動、整合形體的運動。太極拳是形、意、氣三者整合的運動，在練習中要做到三者

的有機統一,如同 3 個齒輪般環環相扣。

如何做到形、意、氣三者的統一呢?就是在練到形體順遂、工整的基礎上,體會心息相依。在練拳中,使形體的開合與呼吸的出入、神意的收放相配合,吸為合、為蓄,呼為開、為發。在外呼吸吸入時,先天炁由督脈脊背上升,也就是氣貼背,神意內收,收斂入骨;在外呼吸呼出時,先天炁延任脈下降,神氣外放。在對敵中亦是如此,功至上乘,走化、發放只在一呼一吸間。李亦畬先生曰:「蓋吸則自然提得起,亦拏得人起。呼則自然沉得下,亦放得人出。此是以意運氣,非以力使氣也。」

當練到心息相依、形息相依、神形兼備後,還要去體驗空,去尋找真正的胎息。因為只有達到胎息,才能真正做到空靜。因為只要還有呼吸,就會有妄念;真正做到定,做到空,必須達到胎息。大家可以做個試驗,先靜下心來,大家體會一下,當有呼吸的時候,是否思維一定是有的?當閉氣的時候,是否才是短暫的沒有念頭?當然,胎息和閉氣不是一回事情,這個試驗只是一個理解胎息與空、與定之間關係的方法。理解了這個,也就會真正明白收斂入骨必須要有「定力」。太極拳盤架子也叫「行功」,行功在佛家也叫行禪,道理也在這兒。當我們在胎息下,體驗到了骨力,再逐漸空掉骨頭,空掉骨髓,當體驗到一靈獨覺的空勁,那麼才真正做到了收斂入骨。功夫到了胎息境界,才是真正做到「功夫無息法自修」。

在這裏,筆者簡單介紹一下什麼是胎息?胎說的是神,這個神指的是元神,而不是思慮之神,而是氣息靜定

後的神凝、神清的一種狀態；息指的是定息，也就是先天之呼吸，換句話說，就是內呼吸，也就是思慮空靜後、凡息停止後內在氣機的升降吞吐。這兩者是統一的，道家《胎息經》的「胎從伏氣中結，氣從有胎中息」，講的就是這個道理。

二十三、整字訣

太極拳的「整」是指「勁整」，做到了上述的心靜、身靈、氣斂，自然可以達到勁整。要理解太極拳的勁整，首先要理解一氣貫串，行氣如九曲珠。周身關節、軀幹、肢體猶如管道，要做到完全的鬆透，內氣如同子彈，快速由身體管道通過，無有阻礙。要做到心為令，意為旗幟，神為主帥，氣（勁）如士兵，身體如通道。

此外還要注意之前提到的六心合一：頂心、本心、兩手心、兩腳心合一。周身合住勁，發勁如放箭，這是從太極拳發勁上來講「整」字訣。

另外，還要從之前我們說到的「立木勁」去談太極拳的「整」字訣。立木勁，本質上是「用中」的形象比喻，能做到立木勁，才能做到「用中」，才能時刻保持自己的「中」不被破壞，並能利用自己的「中」去碰、打對方的「中」。能體會到「中」的妙用，再加上立木勁的應用，可以周身任意一處形成一個整體，也可以周身如同鐵鑄般渾然一體。這是從「守」上來講整。在「立木勁」一節中

已詳細論述過這個問題，這裏就不再贅述。

二十四、聚字訣

「聚」之一字，包含了太極拳的形順、氣斂、心靜、鬆沉等，特指在周身虛靈的狀態下身體內外之精氣神彙聚一點，所謂神凝、氣聚、勁整。在形體的運行中，意氣勁力皆隨時而動，不偏不倚，無過不及。

李亦畬先生在論述「神聚」時說：「神聚則一氣鼓鑄，煉氣歸神，氣勢騰挪，精神貫注，開合有致，虛實清楚。」一言以蔽之，就是凝神貫注，不可須臾離也。功夫至此，方可謂步入境界也。

由此可見，神聚實際是太極拳功夫練至上層後的結果，是太極拳各方面的內功和勁法練到一定境界的產物。在具體的練功和運用中，神聚要如何注意，筆者的感受是：

在練功中，神意可以貫注身前遠處的某一物體，比如樹木、建築、電線杆等。在「開」的時候，神意可以外放，但不可刻意；在「合」的時候，神意和目光要隨之而回收。如此反覆練習，進行自身神意與外界的交換。在技擊中，神意要如燈光般「籠罩」對方，在走化對方勁立之時，雖形體和內氣要「吸化」，但神意依然要貫注對方。在這樣的情況下，我雖然身體某一局部在後退或者吸化，但身體的其他部位和勁力依然是指向對方。

二十五、開合的本質

　　太極拳的開合，在之前講「開中寓合、合中寓開」和斂字訣時已經提到，由於開合關乎太極拳的養生和技擊核心，所以這裏再單獨拿出來，從內功、內氣的角度專門論述。

　　太極拳重視「氣」的運用，所以在講太極拳開合的時候，也離不開對「氣」的運用。李亦畬先生對開合的描述非常精妙：「力從人借，氣由脊發。胡能氣由脊發？氣向下沉，由兩肩收於脊骨，注於腰間，此氣之由上而下也，謂之合。由腰行於脊骨，布於兩膊，施於手指，此氣之由下而上也，謂之開。合便是收，開即是放。」此段話，可謂道出了太極拳開合收放的秘訣。

　　在練拳中，當形體與呼吸、神意的收放完全吻合的時候，在周身鬆透的情況下，會逐漸體會到周身關節、腹腔、筋骨、經絡等隨著吸氣收縮，隨著呼氣而伸展拉長，從而能夠在意識的作用下，起到易筋、易骨、易臟的作用。易者，變化也，由太極拳的鍛鍊，可以變化氣質、體質。另外，在後天呼吸（道家內功術語叫「巽風」）的推動下，當先天真氣靜極而動之時，自然隨著後天呼吸的出入而自動升降。後天氣吸入（降），先天炁循督脈（脊背）而升；後天氣呼出，先天炁循任脈而降。在呼吸和內炁的作用下，自然促進身體血液循環，加快有毒物質的代謝，達到「洗髓」的作用。所以，由太極拳境界的提升，

自然可以起到易筋和洗髓。當然，需要在周身完全鬆透、通空的情況下才可以發揮這種易骨、易筋、洗髓的作用。

在技擊中，功至上乘，克敵也是在心意與呼吸中。彼勁來時，我之內氣吸斂，同時配合周身整體的吸化，將彼勁引化於無形；發放亦在神氣的外放間。

二十六、氣沉丹田與鬆

太極拳重視氣沉丹田，能氣沉丹田，才能做到吸化與發放，才能體會到胸腰折疊，才能領悟到「牽動往來氣貼背」。太極拳的氣沉丹田與硬氣功的往丹田壓氣、鼓氣不同，這種方式是努氣，非自然沉氣。所謂「全身意在蓄神，不在氣，在氣則滯。有氣者無力，無氣者純剛」就是批判努氣的弊病。

太極拳要做到氣沉丹田，首先要做到鬆透，鬆則自然會有「沉重」感；然後要在鬆靜的境界內，體會涵胸拔背、提頂吊襠、鬆肩沉肘，做到了這幾點，周身內氣自然納於丹田小腹。實際上，周身鬆透後，自然會涵胸與鬆肩沉肘，此時加以頂勁與拔背之意，自然會有上下「拉伸對掙」之勁意。功夫至此，周身如同處於混沌杳冥中，將動而未動，所謂「靜中觸動動猶靜」。

太極拳的氣沉丹田，是鬆的結果，而非一個沉的動作。當內氣在鬆的作用下，自然沉入丹田時，內氣還會如同湖面的漣漪般向周身彌散，這時周身會有一種溫熙的感

覺，個人感覺自身有膨脹感，甚至是融化感。如此慢慢體悟，當周身「融入虛空」，一靈獨覺時，太極拳全體透空的功夫就會自然出現。所以，對於太極拳來說，鬆的境界越高、鬆得越透，太極拳的境界也就越高。這一點要多在站無極樁和盤架子時去留心、留意。

二十七、偏沉則隨

太極拳講究「偏沉則隨、雙重則滯」，對於偏沉與雙重理解不確切，就是尚不明陰陽，則無論是盤架子還是推手技擊，都無法達到滿意的效果。所謂偏沉，就是要時時處處虛實分明、陰陽分明，有陰陽才是太極；所謂雙重，是指在行拳或技擊中自身陰陽虛實不分明，並分不清對方的虛實。

「偏沉則隨，雙重則滯」要分知己和知人兩個方面，也就是盤架子和技擊兩個方面理解，而實際上二者又是統一的。首先，在盤架子中，要認清自身陰陽虛實：左實則右虛，右實則左虛；上實則下虛，下實則上虛；前實則後虛，後實則前虛。要做到一處有一處之陰陽虛實，周身處處一太極。且不可虛實不分，處處僵化凝滯，否則必周身轉換不靈，氣脈不通，無法做到鬆、空、通、靈。

其次，在推手或技擊中，要有知人功夫。自身觸敵之處如同一桿秤，由鬆沉勁黏住對方，從而「聽」出對方的勁路和變化，做到「虛守實發」。所謂「拳者，權也，所

以權物而知其輕重者也。」對方虛，則我守並黏化；對方實，則我黏化並引入「我順人背」，從而發放對方。切忌不懂對方虛實，丟頂匾抗，從而無法權衡對方勁路，失去主導，反而「我背人順」。能明此，則必知太極拳是不重技巧和擒拿的，而是由鬆沉柔和，拿人勁路，而非拿人肢體。是故，太極拳並無一定之技法，只是捨己從人，沾黏連隨而已。不通陰陽虛實，則必不懂勁；不懂勁，則必不懂太極。

二十八、陰陽的妙用與節節貫串

上述心法中，都講到了陰陽，那麼如何來體會陰陽的作用呢？關於身法的陰陽虛實作用，在論述其他心法的時候多次講到，這裏就不再過多論述。這裏我們重點講內在勁法的陰陽，以及如何利用勁法的陰陽來做到節節貫串。

我們都知道內家拳的整勁要做到肩催肘，肘催手，胯催膝，膝催足，那麼這是靠力來催嗎？顯然不能全是，如果全是用力來催而不涉及其他，則自己很容易失重而傾跌，也就過猶不及了。

真正的節節貫串，不僅是根節催中節，中節催梢節，而是可以更加細膩的。周身任何部位可以散開地節節蠕動、湧動，以及相互拉動。如何能夠更加容易地體會到內勁的貫串、蠕動、湧動以及相互拉動呢？

這裏筆者簡單介紹兩個方法，希望能夠有助於太極拳

愛好者理解太極拳的陰陽與節節貫串。

　　方法一：甲方立正站立（圖 2-42），乙方從甲方的身體側面推甲方的肩膀，一般很容易會被推動（圖 2-43）。

　　那麼，如何讓乙方推不動自己呢？甲方可以在意識中，將自己的身體從身體正中線（百會到會陰的一條垂直線）分為兩個部分，想像自己是兩個人。當乙方推自己右側的肩膀時，自己不用右側肩膀去抗對方的力，要用自己的左側肩膀也去推自己的右肩膀，這樣乙方就很難推動自己了（圖 2-44）。

　　這裏如果甲方能夠真正放鬆地去「聽」乙方推力的大小，從而調整自己左肩推力的大小，這樣將會讓乙方感覺到，無論他力大力小，對方紋絲不動的感覺。理解了這個例子，周身不同部位互相推動、蠕動的方法將能夠舉一反三。

圖 2-42

圖 2-43

圖 2-44

　　方法二：甲方立正站立，兩臂向身體兩側伸直（圖
2-45）。乙方拉住甲方一側胳膊，用力往自己的方向拉，
很容易就能把甲方拉動（圖 2-46）。

圖 2-45

圖 2-46

　　甲方若想讓對方拉不動，同樣可以在意識中假想自己
的身體從中線分成兩部分，或者自己是兩個人。當乙方拉
自己右臂的時候，自己的左臂也拉右臂，這樣乙方就能難

圖 2-47

再把自己拉動了（圖 2-47）。透過這個例子，可以體會周身各部分的相互拉動之內勁，舉一反三。

二十九、輕重浮沉

前面我們講到了「偏沉則隨，雙重則滯」。要深入地理解這個問題，還得明白「輕重浮沉」，以及雙重為病，雙沉不為病；雙浮為病，雙輕不為病。那麼重與沉、浮與輕的區別如何？如何體會呢？

重，是在於「填實」，與沉相比，缺乏「騰虛」，缺乏圓活之趣。

浮，只是「縹緲」，與輕相比，缺乏「天然輕靈」。

以上是「太極輕重浮沉解」中的解釋，這對於一般愛

好者來說過於抽象，下面筆者用幾個比喻來說明，希望有助於太極拳愛好者體會輕重浮沉之間的區別。

重，農村的幾百斤的大石碾子，要搬動它，給人的感覺就是重。

沉，一醉漢倒在自己身上，給人的感覺就是沉；通上了水的消防軟管，搭在自己身上，給人的感覺就是沉。

浮，一片樹葉浮在水面，那就是浮。

輕，一片樹葉隨風飄曳在空中，那就是輕。

希望以上能讓愛好者有所體會，要在練習和運用中避免重和浮。

關於浮和輕，在技擊中用處很廣，在此舉兩例來說明。

當對方力氣較大，我難以阻擋時，我可以由掤勁讓對方的勁變成「浮」，讓對方成為「病手」，則我很容易將對方湧出（圖 2-48、圖 2-49）。

圖 2-48　　　　　　　　圖 2-49

圖 2-50

圖 2-51

圖 2-52

在此，要體會水的湧勁，當水浪湧出後，在水流的衝擊下，物體被水流湧得浮起來。所以掤勁是讓對方的力浮起來，而不是用硬勁去上架對方。

當對方的勁力來得急、快，我來不及去接的時候，我可以用太極拳的輕勁，以神意虛接對方的勁，對方的勁如同被風吹走一般，我輕靈地讓開，並以三角步從邊門順勢迎擊對方（圖 2-50 ～圖 2-52）。在這裏，我的虛接、走化、側擊要協調一致，做到化打一體。

注意，我要虛接對方的勁，神意要接勁，若無神意地接手、引手，對方必定變化，我就難以奏效。

三十、太極拳之呼吸

太極拳呼吸要如何做？這是一個讓初學者困惑的問題。針對這個問題，不同的老師會做出不同的回答。筆者認為，回答這個問題，首先要看問問題的人處於何種階段，否則反而會增加提問者的困惑。

對於初學者而言，大可不必在意所謂的呼吸與動作配合，自然呼吸就好。只要自己感到舒適就沒有問題。對於身體素質不是很好的練習者來說，有些會因為運動量的增大，感到胸部憋悶，這時大可嘴巴張開一條縫，如感憋氣，可自然由口排出胸中濁氣。否則，刻意鼻吸鼻呼，不顧自身問題，必然導致氣脈不通，氣機不順，本欲養生，反而練出新的問題。

練習者待體力增強，呼吸能夠自然做到「調息綿綿」，則可以進一步注意呼吸與周身運動的配合。大體是合為吸，開為呼；走化為吸，發放為呼。運動中依然要做到呼吸綿長、細膩。

待練習者呼吸與周身運動配合自然、綿密後，練習者要進一步地去體會體內氣機的升降以及心息的相依。要體會由氣的吞吐來吸化和發放對方的勁力。漸漸做到吸則後天氣降入丹田，先天氣貼於脊背；呼則後天氣從口鼻而

出，先天氣降入丹田。所謂「牽動往來氣貼背」，功夫到此，且做到自然後，可悟到克敵制勝亦在此一呼一吸之間，在此內氣的升降之中。

功夫再深入，可達到舉動間無不「心息相依」，漸漸至於胎息之境界，口鼻呼吸若有若無，漸至於無息，周身內外如處於混元之中。此在道家謂之「混元息」。

三十一、推手如「問答」

太極拳的推手，老前輩們有比之「問答」之說。「我有所問，彼有所答，一問一答，則生動靜。」彼問，則我答，聽其虛實，辨其陰陽，從而走化而制敵。若彼不問，則我問。以勁問之，彼若應，則必有虛實，我從而辨其陰陽，施以一定之法而克之；彼若不應，則我問勁之虛即變攻敵之實，從而克敵制勝。所以，太極拳之應用亦在此「一問一答」之間。

然在推手的「問答」中，要體會大樹的狀態，要用到「一字定軍訣」中說的上飄、中壯、下湧，否則很容易被對方所趁。上飄，上肢與敵接觸，要如同樹的枝條一般，無論風有多大，只是隨風飄曳，而樹幹不被撼動。中壯，就是要善於守住、藏住自己的「中」，同時運用之前講到的立木勁來穩定自己，從而以「中」打「中」，克敵制勝。下湧，就是要像樹根往下生長，體會萌芽的那種下湧之勁。在推手中要特別注意這一點。

三十二、敷、蓋、對、吞

太極拳敷、蓋、對、吞「四字秘訣」，是武禹襄祖師首次提出的關於太極拳打手運用的秘訣。此四個字都是從氣上來用，不是指形體；此四字又是統一的，一出手即有敷、蓋、對、吞，其中敷是核心和前提。

敷

武禹襄祖師解釋說：「運氣於己身，敷布彼勁之上，使不得動也。」這裏要注意，「運氣」不等於運勁；「敷布彼勁之上」不是敷布彼形之上。所以，這個敷全在「神意」，不是單純的力量和運氣。可謂不在形，不離形，神意為主導。那麼具體如何做呢？

其後的李啟軒先生在「敷字訣解」中說：「乃知敷者，包獲周匝。人不知我，我獨知人，氣雖尚在自己骨裏，而意恰在彼皮裏膜外之間。所謂氣未到，而意已吞也。」這更加佐證了敷字訣的要點在神意，意在氣先，敷中已含有吞之意。如同陷敵於沼澤之中，彼雖未受重擊，但周身如淤泥包裹，處處不得力，處處無著落。

另外，要明白敷字訣，就要用好「立木勁」，要能夠隨時守「中」用「中」，在守好「中」的情況下，用自己的「中」去敷對方的「中」（勁源），而自己的意要先於自己的勁，要「包獲周匝」住對方周身，這樣會使對方感到有勁使不出。如何能夠相對快速地運用敷字訣呢？實際

上和立木勁的訓練方法相似，由對方隨意去推自己的身體各處，甚至是後背，自己不用技巧和兩手，只是用對方接觸自己的那個點，用立木勁去敷住對方，使對方有勁使不出。如此反覆體會，將會更快地領悟太極拳的敷字訣。

蓋

武禹襄原文解釋說：「蓋者，以氣蓋彼來處也。」彼勁尚在途中而未至，我之神意已經蓋定彼勁的源頭和去處，使彼勁失去後續之源頭而不得達其目標。如是，則彼之勁變成「無源之水」，難以為繼，且無處可落。彼必失去平衡，撲跌而出。

在具體運用中，我往往可以由身法步法，走邊門，以橫破直，封其根節，斷其中節，則彼勁自斷。此種打法，同樣要以意為先，神意罩定彼勁，方可克敵於無形。

對

武禹襄祖師原文說：「對者，以氣對彼來處，認定準頭而去也。」也就是打悶勁、打來勁、打回勁。對方勁尚未發出，我認定準頭，封彼來處，是為打悶勁；對方勁已發出，尚未至，我認定準頭，將彼勁打回，是為打來勁；對方勁已落空，將收回空手，我順勢而打，是為打回勁。對勁打法，要點在認定準頭，所謂「發落點對即成功」，否則我之勁必然落空，或者打擊不實，難以達到預期效果。要想能夠認定準頭，必須具有靈敏的聽勁和判斷能力，以及對敷勁的運用，使彼不能隨意變化也。另外，在打對勁時，還要注意善於隱藏自己的「中」，讓對方不得把自己抵出去。這也是太極拳推不動的心法所在。

吞

武禹襄原文說：「吞者，以氣全吞，入於化也。」能吞彼勁，方能化之。吞之盡，則化之盡。用意不用力，「彼之力方挨我皮毛，我之意已入彼骨裏」。能如此，則我之神意能處處罩定對方，從而能夠吞化彼勁，克敵制勝。

吞勁同樣是建立在敷勁的基礎上，只有能敷住對方的勁，才能沾黏連隨，只有能沾黏連隨，才能吞化對方的勁力。鍛鍊和體會吞化之勁，可以由單推手來練習和體悟。設對方以按勁向我推來，我以掤勁敷住對方的來勁（圖2-53）。在對方推按而來之時，我只是掤住對方，不得使用向左、向右、向前、向後的勁，使對方感覺手如同按在一個桌子上一般（圖2-54）。

如此，對方將我的手按到我的胸部，我依然不要用勁用向左、向右、向前、向後之勁，我只是靠擰腰走化，讓

圖2-53　　　　　　　　圖2-54

圖 2-55   圖 2-56

對方的前按之勁走到盡頭（圖 2-55）。當對方還要往前走時，必然拔根而向前傾跌（圖 2-56）。在對方勁隨我撐腰推按而盡時，為了防止對方用橫勁捋我，我可用左胸、肩貼敷住對方的肘部，使其不得發力。

敷、蓋、對、吞可以分說，但不可分用，四者本為一體。敷為根本，蓋、對、吞為變化，總一神意而已，意到、氣到、勁到。

三十三、擎、引、鬆、放

擎引鬆放是「撒放秘訣」，是論述如何發放的秘訣。原文是：「擎起彼身借彼力（中有靈字），引到身前勁始蓄（中有斂字），鬆開我勁勿使屈（中有靜字），放時腰

腳認端的（中有整字）。」這四句是一個連貫的整體，做到極致實際就是一個開合，接手即發，其核心仍然是敷勁的運用。

擎起彼身，關鍵是敷和掤勁的作用，不能敷住對方則不能擎起彼身。必須做到「人不知我，我獨知人，彼之力方挨我皮毛，我之意已入彼骨裏」。擎起彼身的同時，已然是引到身前，合住我勁，「勁始蓄」。擎起彼身後，要引多少，要視對方的勁力大小、對方的位置、對方的速度而論。但擎起掤住彼勁之同時，我已含有引化，擎引實則為一，是為合。

鬆開我勁勿使屈，是由靜生動，化盡對方之力。我勁蓄足，則瞬間打開，以離心力發放對方，此時我形體螺旋，勁之軌跡為拋物線，不可使勁，有斷續凹凸之處，方可勁足而抖絕。要打出整勁，足要挺、膝要挺、腰要挺。所謂「放時腰腳認端的」，打出周身統一整勁，是為開。鬆為由蓄轉開之過度，放為開。鬆放之間無有間斷。在發放時，要明白對方的勁是實還是虛。對方勁被我化盡，若再續勁自然會傾跌，對方不續勁，我欲發放對方可打橫勁、捌勁，則彼必被放出；對方勁被我化到我順彼背，我能拿住對方勁源，則可直接打對勁，將彼放出。

例如，對方兩臂同時向我撲來，我可以掤勁擎起彼勁，使彼勁浮起，同時引進對方的勁力（圖 2-57、圖 2-58）。接著，我周身鬆空，令對方的勁力完全落空。

由於對方是向前撲的勁，對方尚未來得及收回或變化，在我鬆空的時候，必然彼浮起之勁仍往前來。與此同

圖 2-57

圖 2-58

時，我六心合一，以整勁、合勁對彼來處發放對方，則彼必然傾跌而出。（圖 2-59、圖 2-60）

圖 2-59

圖 2-60

要做到擎引鬆放，必須避免四病：腳手不隨者不能，身法散漫者不能，身不成一家者不能，精神不團聚者不能。實際上就是要在鬆空上下工夫。周身能鬆空方能節節斷開，能斷開方能節節貫串，能貫串方能統一整勁。

三十四、一身備五弓

練習太極拳要身備五張弓：上有兩臂，下有兩腿，中有腰脊，總稱五弓。在運動中，五弓要同一幅度張合，一動無有不應。如此則五弓統一於腰脊大弓。腰脊大弓張，則兩臂兩腿四弓隨之俱張。腰脊大弓合，則兩臂兩腿四弓隨之俱合。反之亦然。如此，方可做到一舉動無有不動，節節貫串，一氣呵成，我為弓則人為箭，觸敵即發。

太極拳五張弓之間具有相互促進、推動的關係，這叫作波浪勁，一波接一波，浪打浪綿綿不斷。這也是太極拳二節勁、來回勁的關鍵，其只可意會，難以言傳。

除了這五張弓，實際上我們還具有更多的小弓，比如手腕、肘、肩、脊背等，這無數的小弓組成不同的大弓。所以練太極不可死板、不可偏執，要在鬆、空的基礎上利用周身的一切部位，做到一舉動無有不動。功夫到了一定境界，可出現勁力如泉水，綿綿湧動，也可以一線貫串，而不見外在的「弓」。

三十五、上飄、中壯、下湧

一字定軍訣是李亦畬先生所傳針對太極拳勁力的論述，非常精妙。下面略作解釋。

湧（下）：源源不斷，力源久遠。點明太極拳內勁實由地湧，如泉水般源源不斷，綿密匝布。此必須在鬆空中體會，可用大樹的根系來比喻。

壯（中）：氣海堅實，丹田充沛。點明太極拳要以腰為軸，丹田為核心，實腹空胸，腰為轉換，如此則節節貫通，不失之綿軟和阻滯。壯（中）可用大樹的樹幹來比喻。

飄（上）：著力輕靈，用力圓活。太極拳腰腹之上要輕靈，兩臂圓轉自如，捨己從人，其內勁由下源源不斷輸送而來。如此則敵如陷入我兩臂所造之「泥潭」中，不能

自拔，亦難以強攻。飄（上）可用大樹的枝條來比喻。

　　如此上中下三節貫串，氣勁貫通無礙，則克敵制勝在反掌之中。

三十六、亂環訣

　　「亂環術法最難通，上下隨合妙無窮。」重在一「合」字，太極拳上下、左右、前後一動無有不動，一動莫不循圓。前開則後合，前合則後開；左右、上下亦然。如此則周身環中套環，環環相扣，敵如入於「亂環」之中，處處不得力。

　　「陷敵深入亂環中，四兩千斤著法成。」能上下隨合，則處處是環，周身亂環，渾然一球。敵觸動我之機關，將感到如同入於亂環迷宮，而我實則環環相扣，如齒輪般相互呼應，如此則可一舉動無有不動，牽動四兩沾連黏隨，令敵不得解脫，處處受制。

　　「手腳齊進橫豎找，掌中亂環落不空。」能開合隨心，環環相扣，則能陷敵於環中。如此尚須步隨手變，於運化中動敵之「中」，尋求有利之角度、時間，則我之打擊才不會落空，太極拳打實不打虛，要領就在於此。

　　「欲知環中法何在，發落點對即成功。」此句重在點明，欲在環中發放對方，必須發點對、落點對，如此方可成功。所謂發點，是指我勁之源頭；所謂落點，是指落敵之勁源處。如此起點、落點都對，我勁之「線路」對，方

可做到以「中」打「中」，後發先至。

三十七、虛　實

太極拳的核心法就是要明虛實，也就是明陰陽。能明虛實變化，明我之虛實、對方之虛實，方可懂勁、用勁。否則只能是「練拳不諳虛實理，枉費工夫終無成」。

首先，明己之虛實，做到上下相隨、左右相隨、前後相隨。能分陰陽才能轉換圓活。其次，要明彼之虛實，從而方能做到「虛守實發掌中竅」。彼虛我守且黏連之；彼中實則我發之。能明彼之虛實，則透過沾連黏隨、上下相隨，方可找到彼之中實，從而克敵制勝。

在判斷對方的虛實中，要接點，不接面，否則就是頂，失去了太極拳的圓活。我與對方接觸之處是面，但我要在面上找點，一個面是由不同點組成的，不同點的虛實不同。太極拳就是要體察這種細微的虛實，方可做到圓活自如，方可做到真正的懂勁。

三十八、太極拳走架境界

武式太極拳第三代傳人郝為真先生將太極拳走架分為三層境界，頗合太極虛實之理，甚妙。

初若身立水中，隨水波之推蕩。如是水漫過頸項，如

同在水中打拳，空氣即是水。這時，要做到在行功中「求物」。每一動，都要克服「水」的浮力而動，在鬆中去體會這種綿密的、綿裹裹鐵的內勁。

稍進，則如善游者與水相忘，故走架有足不履地、任意浮沉之慨。功夫稍進，則上身如同浮上水面。如此，則上虛下實，行步體會趟水之神意。此時，行拳如同大樹一般，枝葉隨風搖曳，根則巋然不動，上下之勁全靠腰胯轉運。

又進，則步愈輕靈，若自忘其身，直如行於水面，飄然為凌雲之遊也。此時，行拳如同行於水面，如履薄冰，如臨深淵，只有勁而無有形。

三十九、三虛包一實

要更好地體會太極拳的虛實，要做到「三虛包一實」，也就是周身除了支撐腿與地面接觸之一點為實，另一條腿及兩臂，以及周身其他部位皆處於虛靈狀態。

在練習中，要細心體會這種狀態，要有意識地放鬆周身及心意，有意識地關注支撐腿腳面與地面的接觸點，如同腳踩蓮花，力由地湧，隨意而直達掌指。此時，周身空靈，如同透空的管道，勁、氣如泉水由地面湧入並由梢節發散而出。如此神、意、氣可隨開合在體外與腳底湧泉之間不斷地收放，流通循環，己之全體空洞虛靈，周身的疾病、滯礙也會隨著練習太極拳漸漸得到調節乃至痊癒。

太極拳練習者在體會三虛包一實的時候，更要細緻地體會自己的「中」，要立住自己的「中」，從三虛包一實中去體會「立木勁」。自己的兩手如同觸角，接觸一點，即可聽出彼整體之勁源與「中」，從而能夠快速以「中」打「中」，做到接手即發的上乘境界。

領會三虛包一實，還可與一字定軍訣的「上漂、中壯、下湧」相互配合理解。在技擊中做到「迎風擺柳」的效果。

假設對方勁力很大，向我打來。我很難以立「中」勁掤、敷住對方（圖2-61）。

則我可以守住左腿的「中」，以「中」為軸，由擰腰、旋轉、撤步，使用太極拳的輕勁，讓對方的勁如同「風吹楊柳」一般落空（圖2-62、圖2-63）。

這也是太極拳「空勁」虛接的打法。

圖2-61

在我的變化當中，除了要做到「上漂、中壯、下湧」，還要做到三虛包一實，我的重心所在的腿要守好、包住；若我失去了這個「實」，對方很容易用「捌勁」將我打出。

比如，我在後退右足的時候，如果重心很快落向後腿，左腿的「中」就失去了，對方以捌勁向前一送，

我很容易被對方發出。大家注意圖中黑方實腿的差別。
（圖 2-64）

圖 2-62

圖 2-63

圖 2-64

四十、拿　勁

太極拳能否做到發放抖絕，在於能否拿住對方的勁。拿勁是拿住對方的勁路，而非由擒拿對方反關節來造成敵之背勢。事實上，任何擒拿非絕對，都有破法，要點是把控時間和角度。

太極拳初級的拿勁，是由引進、引化和控制封閉對方之活節，如腕、肘、肩、腰胯等，讓其不順，從而我拿其中實，故能發人。拿勁之外形多在掌指臂胯，而樞紐實在我之腰腿。能勁由下湧，敷布於上，方能以腰胯之勁敷彼周身，拿彼勁路。故而，欲明拿勁，必從腰腿求之。

能做到由引進落空去拿勁後，還要由立木（中）勁的體會，去練習周身各處，一接觸對方，即可聽出對方的「中」和勁源點，從而瞬間拿住對方的勁。這個就需要長期的摸索、體會和實踐了，能如此，太極拳方可謂之懂勁。

四十一、推手與散手不二

葛順成一脈的太極拳講究「推手就是散手，散手就是推手」。如何理解呢？太極拳能做到拿勁，就能使彼之中實與我之梢節連為一體，我只需如平日練拳狀行功走架，

則彼必隨我之動而移動。如此則走之、化之、發之可處處隨心。故太極拳之散手，外觀之，可做到飄飄然若雪花漫天，不著絲毫行跡。相反，那種生拿硬搬，實非太極之妙用了。然要能做到接手即黏住對方，令對方無法撤手，如入於泥濘沼澤之中，絕非易事，明師的指點和自身的體悟缺一不可。

如何從推手向散手過度？或者說如何訓練推手與散手融合呢？單純的推手練習恐怕難以實現這一目的。當推手能夠做到不丟不頂、沾黏連隨之後，要想進一步提升到散手實戰，需要從三個方面去努力。

第一，要加強立木勁和敷勁的訓練，要做到周身處處可聽勁，可敷拿對方的「中」；

第二，要加強接手訓練，要能接住對方的來手，並黏連之；

第三，要在老師的引導下，訓練引手和模擬實戰。

四十二、沾黏連隨

沾、黏、連、隨是太極拳在技擊中的特點，之所以把它放在心法篇的最後來講，是因為之前的心法做不到，沾黏連隨就只是一句空話，無法真正地體會到其含義。

所謂**沾**，「提上拔高之謂也」，也就是擎起彼身（勁、氣）。做到沾，首先要能聽出對方的勁，然後能敷住對方的勁，能以我之「中」拿住對方的「中」，然後方

可做到沾。

所謂**黏**,「留戀繾綣之謂也」,也就是不丟不頂,隨曲就伸。能沾,然後能黏;能黏,然後能連,能走化。

所謂**連**,「捨己無離之謂也」,能捨己方能運而知,方能動而覺,做到從人由己,做到彼微動,己先覺,處處料敵之先,猶如附骨之疽,令彼不得解脫。

所謂**隨**,「彼走此應之謂也」,彼欲走或欲走化我勁,則我隨之而走,若即若離。隨走中,要因勢成招,不可盲目隨走,要藏中、受中,當有機可乘時,我以「中」打「中」,則彼必跌出。

四十三、頂匾丟抗

頂、匾、丟、抗是與沾黏連隨相對的練習和應用太極拳的四種毛病。這四個字其實也是人的本能。常人在遇到外力來犯的時候,本能的反應就是抵抗、格擋,這是與太極拳的理法相反的。

所謂「反者,道之動」,太極拳忌諱頂、匾、丟、抗,恰恰體現了道家「上善若水」「因勢利導」的理念。所以,想要練好太極拳,就必須拋棄人本能的抵抗、對立思維,而要去體會大禹治水的因勢利導思想。

所謂**頂**,「出頭之謂也」,也就是我之勁過大的意思。太極拳不是不用力,而是要用得剛剛好,太極的這個勁是源於足、源於地面,運用前面說的立木勁去敷住對方

的勁，對住對方的「中」，從而讓對方之力無法發出。若我用硬勁，則失去了太極拳的中和之道，易於為人所趁。

所謂**匾**，「不及之謂也」，也就是我之勁不足以敷住彼勁，從而被彼所拿勁也，這與頂是恰恰相反的。當我之力沒對方勁大，我用硬勁去反抗，則必然不足以對抗對方；當我以太極拳之勁由地湧、立木勁去敷對方之勁時，若我聽勁能力稍差，被對方之勁所敷，則我之勁必然失去先機，無法發出。

所謂**丟**，「離開之謂也」，也就是我失去了對方的勁，或走空，或落空。

所謂**抗**，「太過之謂也」，也就是我處於背勢之時，自覺或不自覺地用硬力、本力去抵抗對方的勁。

以上頂、匾、丟、抗是練習和應用太極拳的大忌，若不避免，必定不能懂勁，不能得太極拳之真諦。

四十四、六合勁

所謂六合勁，乃是擰裹、鑽翻、螺旋、崩炸、驚彈、抖擻。

擰裹，主要是往內的螺旋、旋轉，在武式太極拳中，主要體現在起、承、開、合的「合」，主要用於往內的吸化和引進落空，也可以用來從側面走化或削打對方。

鑽翻，主要是往外的螺旋，主要體現出掤勁、鑽勁。在武式太極拳中，主要體現在起、承、開、合的「起」，

主要用於往外走化、掤化對方的來勁，也可以用於挒、採等勁。

螺旋，太極拳運動中處處都有螺旋，既有自身旋轉的螺旋，也有運動軌跡的走圈，猶如太陽系中各個行星的繞日自轉與公轉，也像機械齒輪般環環相扣。在武式太極拳中，當打開時，要求兩手直線打出，中途不得變勁，變換勁的軌跡。這是為了勁整，中途勁不散，但在意念中，兩臂依然要有外翻和外拋的圈，且胸腰腿胯間依然有螺旋，其勁猶如離心力，沿著圓周切線方向直線放出。

崩炸，崩炸勁主要是心意的力量，破壞性很大，一般不常用。要打好崩炸勁，要有很好的意、氣配合，要做到形鬆若通空，氣緊如針，意毒如轉頭，最後在點上炸開。此要完整一氣，瞬間完成。

驚彈，要體會受驚時那個汗毛乍豎。打好驚彈勁的關鍵在肩關節、胯關節的鬆空，做到周身鬆空，肩胯如彈簧，才可打出彈簧反彈般的彈勁。所以，驚彈勁不僅僅體會在驚，更不是打個冷不防的勁就叫驚彈勁。要去在鬆空中，找彈簧勁，在汗毛乍豎中找驚勁。

抖擻，要體會那種金雞抖翎、獅子抖鈴之勁，說得通俗些，就是落水狗出來後那個抖擻水的勁。練好抖擻勁，關鍵在腰胯，腰胯要絕對地鬆開，才可做到無論是前後的抖擻還是左右螺旋的抖擻，都可自如。抖擻勁練習純熟後，還包括整體的抖擻，以及把周身的勁「抖擻」到身體某一點（接觸點）的抖擻。

第三章
太極拳四層功夫

學太極拳有著嚴謹的修行次第，其練法嚴格遵循武禹襄、李亦畬等宗師的太極拳論著，分煉形、煉氣、煉意和煉神四種功夫，或者說四個階段，分別對應道家內功修持的煉精、煉氣、煉神和還虛，充分體現了「拳道合一，以武入道」的理念，印證了三豐祖師關於「學太極拳為入道之基，入道以養心定性、聚氣斂神為主」的論斷。

煉形、煉氣、煉意和煉神四個階段並非截然分開，而是相輔相成的。煉形中同樣包含了煉氣、煉意和煉神，反之亦然，只是各個階段各有側重。《太極拳解》中說：「身雖動，心（氣）貴靜，神宜舒；心（意）為令，氣為旗，神為主帥，身為驅使。」下面將分別論述太極拳的形、氣、神、虛四種功夫，以及四個階段的練習要領。

一、初層功夫：煉形

煉形，顧名思義就是盤好太極拳的架子，要把架子盤到完全合乎標準，整個行功過程一氣貫通，無有缺陷、凹凸和斷續。反之，若行功過程中還有缺陷、凹凸、斷續，或者自己還覺得有不順遂、不自然之處，那就是煉形還未到家。拳論云：「無使有缺陷處，無使有凹凸處，無使有斷續處。」即是此意。

那麼，為何太極由煉形開始呢？人們平日裏，內用其心、外役其身而不知調理與補養，以至於精氣神逐日耗損，而後疾病生焉，衰老隨焉，其皆由妄想散漫而至於

斯。若欲恢復健康，只有靜心養氣之一途，但是一般人大都精氣已損，由於生理的影響，內心很難平靜，以至於靜心養氣之不可得。鑒於此，三豐祖師創太極以令人收拾身心，使人之心意聚於行功走架，漸漸身不妄動，心不妄馳，而精得以固，氣得以伏，健康可得。所以煉形的核心是外收形體，內固精氣，其重點在固精，實為道家內功築基的方便法。丹經云：「靜其身則精與情寂，身不動則精固而水朝元。」即是此義。

可見，煉形是太極內功的基礎和築基功夫，不得此則精不能固，精不固則情不得降伏，而依然歸於散亂，那麼功夫也只能流於武技，而不能上通於道。

有人說，練太極可以不要重視架子，不要在意外形，單從心意上找就可以了，這是不全面的，或者說對於初習者是誤導，因為這種觀點忽略了太極的修煉次第，前後倒置。盤架子是築基功夫，就像蓋樓一樣，如果地基不造好，如何能夠建成萬丈高樓呢？即便是煉氣和煉意，也需要形體這個載體。一個人長時間坐姿不正確、不端正，肯定會覺得腰頸部麻木和酸痛，而一個人睡覺姿勢不科學，一定會導致打鼾或噩夢連連，這都是由形體錯誤引起氣血運行不暢所導致的。至於說太極是神意功夫，要「重意不重形」，那是在基礎打好之後的更高要求。鮮有基礎不牢固，而能功臻化境的。

初層功夫分調形、練形、忘形和無形，具體要求是武禹襄祖師的「身法十要」，即涵胸、拔背、裹襠，護肫、提頂、吊襠、鬆肩、沉肘、騰挪、閃戰。對武禹襄祖師提

出的「身法十要」，除了郝月如先生曾留有文章解讀外，很少有人對其系統解釋，這裏先引用郝先生的解讀，再加以筆者的理解，希望能對讀者有一定的啟發。

（一）身法十要

1.涵 胸

解曰：心以上為胸，胸不可挺，要往下鬆，兩肩略向前合，謂之涵胸。能涵胸，才能以心行氣。

涵胸，也有叫「含胸」和「空胸」的，但都沒有「涵」字用得妙。「涵」不但有虛、含、空之意，還有涵養、孕育之意。涵胸不單是說胸部在外形上要含進去，而更主要的還在於養氣。在煉形階段，每個形體標準都具有特殊的內功含義，而非單指形體。胸部，內部主要是心和肺，心藏神、肺主氣（後天氣）。涵胸其實就是虛心和煉氣，涵胸同時也是在實腹，從內在講就是要凝神（心）入氣（腎），調合水火，氣沉丹田，只有如此才能激發先天之氣。所以涵胸不是人為地刻意去含胸，而是氣沉下去後的自然結果，要從鬆沉中去體會。

《悟真篇》說：「虛心實腹義俱深，只為虛心要識心。莫若煉鉛先實腹，且教守取滿堂金。」可以說，這是整個道家內功和太極修持的總綱。涵胸的內義在虛心，心虛才能氣沉丹田，才能涵養本源而生鉛。鉛者，水中真陽，真一之氣也。得此氣，方可水返生金（丹）。金丹者，堅固圓滿也。世人往往實胸虛腹，心火外炎，氣海空虛，實為速死之道。葉士表說：「虛其心，實其腹，虛心

養氣，實腹養丹。」可證此意。可見，涵胸主要在虛心沉氣，所謂「氣沉丹田神貫頂」也。

在練功中體會涵胸的時候，要注意避免駝背。涵胸的關鍵是氣沉下去，並非形體的扣肩、縮胸（圖3-1），這是錯誤的。涵胸還要和「開胸順氣」相互配合，涵胸與開胸看起來矛盾，實際是相互融通的。所以孫祿堂先生講「扣者，開胸順氣，陰氣下沉，任脈之理也」。

若一味開胸，忽視了扣，則氣沒下沉，就會集聚在胸間（圖3-2）。所以，要沉氣，要做到思想放鬆，然後胸有往兩側延伸、打開的感覺，兩肩如同延長後再內裹一般，自然下垂，則氣自然沉下（圖3-3）。

在運用中，如果對方將我兩手都推至身後，我無法得勁（圖3-4）。若我挺胸用抽勁相抗，則對方很容易將我發出（圖3-5）。若我放鬆，兩手下沉，同時上身前探，

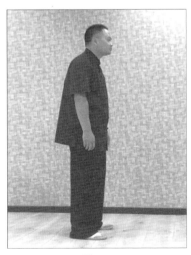

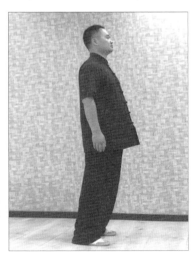

圖3-1 圖3-2

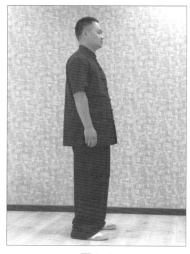

圖 3-3

圖 3-4

圖 3-5

保持涵胸與氣沉丹田，則對方的勁將落空（圖 3-6）。然後，我脊背後靠，氣往下沉，兩臂就勢前掤，則敵將被發出（圖 3-7）。

圖 3-6

圖 3-7

2. 拔 背

解曰：兩肩中間脊骨處，似有鼓起之意，兩肩要靈活，不可低頭，謂之拔背。

拔背和實腹一樣，是涵胸的結果。能做到虛心空胸，自然氣沉丹田，脊背上拔，即老前輩常說的「背如鍋蓋」。有一點需要注意，拔背不是駝背，不是彎腰；否則，即為病態。

拳法中的肩背，在八卦中屬於艮卦，所謂「艮覆碗」，同時兼凹與凸，在太極就是涵胸與拔背。只有做到脊背上拔而不刻意緊張，才能真正做到「力由脊發」。武式所傳《太極體用歌》裏也說：「勁由脊中發，膀臂到指尖，伸筋與拔骨，坐腕展指端。」這是太極中心勁法的獨特之處，《太極拳法諸論》中說：「心勁法是練之以通其背筋，而以心勁佐其周身之力。」充分點明了虛心拔背的關係。另外，脊背在道家內功中屬於夾脊關，此處是升陽補虧的關鍵竅穴，能確切地做到拔背，對於補足身體虧損之精氣，具有很現實的意義。

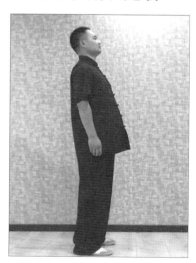

圖 3-8

在體會拔背的時候，很多人容易做成挺胸（圖 3-8），這是錯誤的。在體會拔背的時候，要注意以下要點：脊背後靠，而不是仰頭挺胸；下巴微收，豎項，頸椎後拔上豎；耳朵尖照肩膀尖（圖 3-9）。

在應用中，拔背常和涵胸配合用來走化對方施加在我身上的勁力。略舉一例，

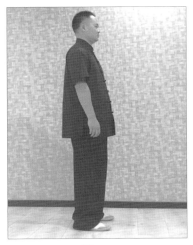

圖 3-9

圖 3-10

圖 3-11

圖 3-12

對方在推手中，兩手按在我胸前（圖 3-10）。我可以由
涵胸、拔背將對方的勁力吸引吞化，讓對方的勁浮起，如
此，對方必然不得勁（圖 3-11）。我再加以「打回勁」，
對方必被發出（圖 3-12）。

3.裹 襠

解曰：**兩膝著力，有內向之意，兩腿如一條腿，能分虛實，謂之裹襠。**

裹襠，又叫合膝掩襠、圓襠。從外形上說，就是在太極的行功中，要做到膝蓋內合、襠部內合、兩足內合，尤其兩腳不可絲毫外撇，是葛傳太極的獨特之處。從內在看，裹襠的真義在提肛溜臀，也就是吊襠。提肛可以鎖閉精關，啟動陰蹻，補虧復壯。溜臀可以做到尾閭中正，所謂「尾閭中正神貫頂，滿身輕利頂頭懸」。可見，裹襠實為提肛溜臀，貫通督脈的關鍵。溜臀，要臀部肌肉放鬆；提肛，其要點在提氣，而不是刻意地收緊肛門附近的肌肉。這些只有在不斷地體會中方可真正領會。

裹襠是做到周身合力，以及「全力法」的重要前提。在裹襠時，兩胯要有往前延伸並內裹之意（圖 3-13）。在

圖 3-13

圖 3-14　　　　　　　　　圖 3-15

運用中，做到了裹襠，即便不用手，也可以由步法、身法將對方發放出去。假設對方打來，我來不及用手去接，可以由步法走邊門，由步法去奪位，以胯為接觸點來發放對方。（圖 3-14、圖 3-15）

4.護 肫

解曰：**兩肋微斂，取下收前合之勢，內中感覺鬆快，謂之護肫。**

所謂護肫，是與涵胸相應，兩肋內涵，中焦略有涵斂之意，有周身運動以「中」為本之意，也有行功走架，肘不離肋之意。護肫是武式太極拳特別強調的內功修煉之法。

護肫，在形體上要從兩個方面去體會。其一，要體會兩肋向兩側延伸並內裹；其二，要體會兩臂、兩肘內合、護肋之意。當把裹襠、護肫練到純熟，一舉一動，無論架

圖 3-16

圖 3-17

勢緊湊還是開展，都可做到周身皆有合意，做到六心合一，周身可由任一點接手發放。

這裏舉一個肩靠的例子。肩靠不是用肩膀去撞對方，那樣很容易失去重心並落空。當對方打來，我可以挒勁接手並引進落空對方之勁（圖 3-16、圖 3-17）。同時，我由側面向前進步，在對方勁力落空之時，我的肩膀正好貼住對方的肩肋。要注意，不是去撞擊，而是在引化之時，我順勢貼住對方。太極拳打實不打虛，絕對不是去生拉硬拽和撞擊（圖 3-18）。如此，我腳下往前寸步，兩肩、兩肋、兩胯一合，則對方必然跌出（圖 3-19）。

5.提 頂

解曰：*頭勁正直，不低不昂，神貫於頂，提挈全身，謂之提頂。*

提頂又叫「頂頭懸」、虛靈頂勁。實際是指神貫頂，

圖 3-18　　　　　　　圖 3-19

而不單是說外形。如果刻意為之，反而不得要義。先說說外形上如何做到，其實很簡單，做到「耳尖對肩尖，鼻尖對心尖，兩眼對兩腎」，自然就做到了頂頭懸，而不必刻意抬頭上拔。再說從內在做到神貫頂也很簡單，做到涵胸實腹、提肛溜臀、尾閭中正，則自然「氣沉丹田神貫頂」。

　　關於提頂，這裏再講一講虛靈頂勁。太極拳的神打、意打，其實就是講的虛靈頂勁，太極拳練到周身通透後，氣一沉，神即貫頂，內勁自然發出。從外在表現看，往往是眼神一貫，勁即發出，對方便傾跌而出。同樣一個動作，提頂後神意的方向、角度不同，勁力也是截然不同的。

　　這裏舉一個野馬分鬃的例子來說明。假設我以野馬分鬃肩靠拿住對方的勁，我往後看的眼神方向不同，領勁不

同，決定了我的靠勁也不同。我先以眼神看我胸前偏後的
方向，然後發靠勁，對方是向我的正前方跌出（圖 3-20、
圖 3-21）。 我再以眼神看我的右肩方向，然後發靠勁，

圖 3-20

圖 3-21

對方是向我的前側方跌出（圖 3-22、圖 3-23）。 從此例
中，我們可以看到神的領勁不同，技擊的結果也不同。

圖 3-22

圖 3-23

6.吊 襠

解曰：**兩股用力，臀部前送，小腹有上翻之勢，謂之吊襠。**

吊襠要和裹襠結合起來理解，做到裹襠，自然有提肛溜臀，尾閭中正之感。在行功中，尾閭隨呼吸開合不斷地在後斂與下垂如懸吊間轉換，內腎與外腎亦在呼吸開合間不斷地收斂與虛懸，而小腹則隨著腰部和胯部的轉化不斷地內涵與外腆。合則尾閭、腰腎、小腹與兩胯俱合而收斂，開則尾閭略下墜，腹部略腆，而腰腎虛懸。

這裏略舉一個應用的例子來說明吊襠的作用。假設對方封住了我兩手、兩臂及上身的所有勁路（圖3-24）。我的腰部以上無法再進行反應，只有後退。如果我退，對方肯定會跟進，則我敗得會更快。在這種情況下，我可以由鬆腰、吸胯引化對方的勁力（圖3-25），如此對方的勁

圖 3-24

圖 3-25

圖 3-26

力落空後，我沒有了逼迫的勁力，隨即上步，同時尾閭下墜，小腹膁起，六心合一，用「全力法」將對方發出（圖3-26）。

7. 鬆 肩

解曰：**以意將兩肩鬆開，氣向下沉，意中加一靜字，謂之鬆肩。**

　　鬆肩，又叫「沉肩」，但「沉」字確沒有「鬆」字講得到位，鬆是手段，沉是結果。做到鬆肩，是太極拳入門的基礎，是具備太極拳技擊功夫的重要環節。肩是上肢的根節，也是連貫手臂與上身的關節，因此練好、練通肩關節是做到「行氣如九曲珠」的關鍵。因為鬆肩，才能沉肘；沉肘，才能真正地做到氣沉丹田；上中下三盤氣路暢通，才能做到勁力轉換傳輸無礙。《內功經》說：「前任後督，行氣滾滾；井池雙穴，運勁循循。」其中，「井」

是說肩部的肩井穴,「池」是說肘部的曲池穴。可見,任
督的貫通和肩肘的貫通在內家拳的修習中是非常重要的。

圖 3-27

圖 3-28

這裏舉一個推手勁法的例子來更好地體會鬆肩、沉肩的用意。當對方兩手托住我的手臂,把我的肩往上托,並加擠勁時(圖 3-27),若我以硬勁對抗,我很難和對方兩手抗衡,很容易被對方擠出(圖 3-28)。若我不用硬勁,不去對抗,周身放鬆,肩膀鬆沉,周身之勁合於肩膀,則對方無論如何用力,都無法托起我之肩膀(圖 3-29)。此時,我若打一對勁,則對方必然跌出(圖 3-30)。

圖 3-29

圖 3-30

8.沉 肘

解曰：以意運氣，行於兩肘，手腕要能靈活，肘尖常有下垂之意，謂之沉肘。

沉肘，一般也叫墜肘，但「沉」比「墜」說得透徹。因為墜更多的是一種動作的過程，容易讓人流於刻意，而失去了太極拳自然的特性；而沉更多的是說一種感覺和趨勢，能夠讓人更好地理解和感受肘部的行功要求。

在太極的行功中，如果能夠時時感受到勁道的下沉和下塌就對了；反之，如果覺得勁力僵滯或勁道上浮就錯了，這是還沒有鬆到位的結果。鬆柔，則自然沉厚；鬆肩，則自然沉肘。此為一定之理。就像我們提重物一般，如果使勁很大，就會感覺自己的勁道往上拽拉；如果放鬆，只是讓手指保證重物不滑落，那麼就會感到重物牽引胳膊往下沉墜，而兩足也會感受下踩和下塌的勁意。只有

找到這個感覺，才能真正做到「兩肩鬆開，氣往下沉，斂於脊背，勁由脊發」。

圖 3-31

沉肘，在推手中也是有特定用處的，太極拳的「拉不動」與沉肘就有著很大的關聯。在此舉一個實際的例子來說明沉肘的作用。我自然站立，假設對方兩手拉我一臂（圖 3-31），我若與之較力，由於對方是兩手同時拉我，很容易就能把我拉動（圖 3-32）。

圖 3-32

如果我不與對方較力，我只是做到鬆肩、沉肘，肘部有意識地往下沉，周身與肘部的下沉之勁合住，另外藉由鬆沉將周身之氣勁沉到腳下，如此則對方無論如何拉我，都很難拉動（圖 3-33）。

圖 3-33

9. 騰 挪

解曰：**有動之意而未動，即預動之勢，謂之騰挪。**

騰挪，是太極的身法和移動，形容太極身法之輕靈和移動之隨順。其中，「騰」是說內合與換勢，所謂「換勢似鷹」「形如捕兔之鵠」；「挪」是說開展與移動如同燕子抄水般迅捷。

郝月如先生說的「有動之意而未動」，更加鮮明地指出了騰挪主要是從神意上領悟。比如，葛傳武式太極拳中的上步攬雀尾、扇通背等式過渡動作，就體現出神意的騰挪，意在形先，神通身外。（圖 3-34、圖 3-35）

10. 閃 戰

解曰：**身、手、腰、腿相順相隨，一氣呵成，向外發出，勁如發箭，迅若雷霆，一往無前，謂之閃戰。**

閃戰，是在實戰運用中要做到虛靈與快捷，要退中有

圖 3-34

圖 3-35

進、化中有打；要做到周身一家，上下相隨，前後相隨，左右相隨，無有斷續、凹凸之處。「閃」不是躲閃，而是形容像閃電一樣迅捷，要讓對手感受到迅雷不及掩耳的攻勢。另外，要領會「閃戰」，還要認識到一點，太極拳在技擊中沒有絕對的走化，也沒有絕對的攻擊。在實戰中，要做到「化打合一」，走化要輕靈，打發要迅捷；左退則右進，右退則左進；化中寓打，打中寓化。

（二）煉形的四個階段

1. 調 形

訣曰：

> 初練太極須調形，上下相隨六合功；
>
> 自修還需師父領，千錘百煉方為真。

這個階段的主要修習內容是學習拳架，調整生活習慣和矯正拳架。我們平時生活起居形成的行為習慣與太極運

動的標準有較大差異，初學太極拳的時候一般都會感覺比較吃力，覺得處處不合規範，認為太極拳很難學習。學習太極拳架一方面要調整日常行為規範，讓自己的生活行為合乎太極自然之理；另一方面，由練好拳架，做到收拾身心，凝神調息，為太極內功修習打下基礎。練好太極拳可以改變、調整一個人的生活習慣，改善一個人的身體狀態。所以調形階段一方面調的是生活習慣，一方面是由「學習—矯正—再學習—再矯正」的多次重複，掌握合乎拳理拳論的太極拳架，這其中包括自調和師調。

自調就是自己在練習過程中，根據師傅要求，自行體悟，多從腰腿求之，有不順遂之處，多思考、多實踐；師調則是多和老師交流，多給老師演示自己的架子，不怕出錯，不怕丟人。調形階段會持續在整個煉形層次中，一般需要至少 1 ～ 2 年的時間才能真正完全掌握所有的太極拳動作。這是從拳法繼承的角度來說的，而不是指一般普及性太極拳教學。

2. 練 形

訣曰：

> 形器乃是神氣舍，煉之堅固精乃全；
>
> 能剛能柔太極相，筋骨強健五臟實。

練形就是在調形的基礎上苦練拳架，邊練邊調，邊調邊練。在完全掌握拳架的各項規範和要領後，再用 1 年的時間苦練拳架，每天保證完整地盤 3 ～ 5 遍拳架，慢慢就會達到純熟，舉手投足間自然合乎身法十要，這樣才算打下了太極的基礎。練形和調形一般是並行不悖、相輔相成的。

在練形的過程中，包括兩種功夫。

第一是內壯，也就是強壯筋骨、堅實五臟。有人會說了，太極拳以鬆柔為本，如何能夠做到抻筋拔骨、強壯筋骨呢？實際上，在鬆柔中，同樣可以做到抻筋拔骨、展筋騰膜。練習太極拳要做到鬆而不泄，要在身法十要的基礎上，放鬆外在肌肉，有意識地從內在延展筋骨，體會內勁從根節沿筋骨節節貫串，體會筋骨內在的延長、拉伸。此時切記不要使用僵勁，肌肉不可緊張，要保持周身放鬆。這樣才能做到內氣「收斂入骨」，營衛筋脈骨骼。

第二是鬆柔，也就是鬆柔空靈，柔弱無骨。能內壯，才能有掤勁，才能有立木勁；能周身鬆柔空靈，才能走化外力。在體會鬆柔的時候，要首先精神放鬆，每一動都要去體會周身各個關節的空，尤其是腰腿、肩胯要鬆、要靈，當整個拳架達到十要隨心、骨節空靈時，就有了進入「全體透空」的基礎。

在此還要體會三心空——胸心、手心、足心的空，能做到三心空，對體會周身的鬆柔，事半功倍。

3.忘形

訣曰：

> 十三總勢終是妄，得意忘形是竅要；
> 道是無形卻有形，六合十要內裏藏。

忘形並非真正把拳架都忘掉，而是在拳架練習純熟並完全合乎身法十要之後自然形成的一種境界。這個時候，練習拳架無需考慮，自然在舉手投足間合乎要求，合乎規範，練習中也可以超越原有拳架順序，隨意組合並練習，

但無論怎麼練，都不會違背拳理和拳論的要求。

4. 無　形

訣曰：

> 無形無相透體空，應物自然且不迷；
> 氣定神閑伏氣機，翻江攪海克愚頑。

無形是太極與生活融合後形成的境界，達到這個階段，生活中行住坐臥皆遵循太極拳理，一切行為合乎身法十要。周身異常警覺，一遇觸動即可快速做出反應，且處處合乎太極。到此境界，行則閑庭信步，立則磐石落地，坐則氣定神閑，臥則龜胎鶴息，動則靈貓捕鼠。可謂太極即生活，生活即太極。

注意：以上忘形和無形兩個階段是煉形成功後，結合煉氣和煉神自然形成的兩種境界，已不是太極的初層功夫，由於與煉形有關，所以放在煉形一節中一併述之。

二、二層功夫：煉氣

以煉形為固精，形不妄作則精不搖，命本可固。然先天精藏先天氣中，不化氣則終不得久固，難免流於後天，所以，此節煉精以化氣，煉氣以化神，因先天精藏先天氣中，先天精氣實為同一，故此節統言煉氣。

中國傳統道家和醫家所講的氣，是一種哲學範疇，是一種符號，代表一種生機和能動之化機，分形而上的先天氣和形而下的後天氣兩大類。先天氣又叫「真一之氣」「祖氣」，是宇宙的本源，生命的根本，萬物皆秉祖氣而

生化，《金丹心法》中說：「曷為氣？無象無形，無聲無臭。天地之生理，人物所由生。」所謂後天氣，又分兩種，一為呼吸之氣，由肺的出納功能，推動心臟的跳動，促進周身氣血的循環；二為水穀精微之氣，是人的飲食由脾臟的運化之產生，在周身經絡運化臟腑和肌膚支撐著生命的延續。可見，先天氣是體，後天氣是用，無「體」則無生化，無「用」則無以維繫，二者不可截然分開。煉氣雖然主要是煉先天，但先天祖氣無形無相，非借後天氣不可激發與涵養。所以，煉氣功夫分為調氣以平、運氣以通、養氣以靈、伏氣以虛四個階段。

葛順成傳太極拳非常重視煉氣和對氣的運用。在練法上，葛順成的拳架以腳踵為軸，實腿旋轉而帶動周身的轉換，這對於激發周身氣機作用很大，而在開合之間，又非常重視夾脊的作用。《金丹心法》裏說：「氣起於海，在夾脊關下之第三節；氣伏以踵，在經絡陰陽，足之腳後跟。筋骨非此不能鬆活，血脈非此不得流行。」可見，葛順成太極拳非常重視對於先天祖氣的激發。在用法上，武禹襄祖師的《四字秘訣》明確說明敷蓋對吞皆在氣上用：「此四字無形無聲，非懂勁後，練到極精地位者，不能知全，是以氣言。能直養其氣而無害，始能施於四體，四體不言而喻矣。」李亦畬宗師又在其《五字訣》中詳細說道：「胡（同「何」）能氣由脊發？氣向下沉，由兩肩收於脊骨，注於腰間，此氣之由上而下也，謂之合；由腰行於脊骨，布於兩膊，施於手指，此氣之由下而上也，謂之合。」可見，煉氣之於太極是非常重要的一環。

此一層次功夫分調氣、運氣、伏氣、胎息四個階段。

1. 調　氣

訣曰：

> 靜中觸動動猶靜，開合轉換任呼吸；
> 一呼一吸常默用，精依氣盈自鬆淨。

調氣也叫調息，主要是為了讓氣息平緩，因為呼吸之氣調和才能做到內心平靜，也只有內心平靜才能做到身體的鬆和通，才能做到先天氣的內斂，才能做到神意的虛凝。在習練太極之初，很難做到動作與呼吸的配合無間，一是因為動作還不純熟和順遂，二是因為氣息未調和。

對於初學者而言，必須把煉形放在第一位，因為如果上來即把弄呼吸，不但呼吸難以調和，形體的規範也會受到影響。在形體動作純熟和隨順後，呼吸不調而自調，因為周身之心意集中於形體動作之中，當形體動作隨順之後，心意之氣機也會自然隨順。在煉形隨順自然之後，再側重於調息，自然呼吸調和而平緩。這裏要注意一個原則，提為吸，沉為呼；合為吸，開為呼。在調氣階段，注意此一原則即可，不可驟然去靠意念導引運氣，煉氣為煉先天氣，而非靠後天意識作用。道家伍沖虛祖師說：「有欲之為後天，無欲之為先天」，誠為確論。

2. 運　氣

訣曰：

> 固守虛無養靈根，神行氣隨衝路通；
> 四個橐籥八卦爐，不知風火難為功。

運氣，主要是疏通經絡和勁路，並非是用意念導引氣

在身上游走。當調氣階段練習深入後，由於長期的身心放鬆，身體內部靜極生陽，逐漸體會到暖意和真氣沿經絡運行。這是身體自我修復的階段，切記不要隨意用意念干預，因為體內真氣充盈在自然循經運轉，若人為干預容易流入下乘和產生不必要的偏差。此時不在導引而在於「存」，知而隨之即可，而不是讓升起的「陽氣」跟隨自己的意念。所謂用「存」而不用「守」，其區別在於「存」為無欲，為先天；「守」為有欲，為後天。例如，我們把錢存在銀行，這是存，我們知道有錢在銀行，而不會時刻守著這個念頭不放。如果我們像守財奴一樣把錢存在家裏、守在身上，就會時刻不放心，因而精神緊張、無法放鬆。當練拳真氣發動時，我們需要的就是存和隨，而不是守和導，因為太極的核心是鬆靜而不是緊張。

葛傳武式太極特有的勁路，其每一式都嚴格包含起、承、轉（開）、合四個部分，分別對應兩個呼吸、四個往來，這一點和道家丹道先後天呼吸的一個呼吸、四個往來是完全一致的。當葛傳太極拳演練深入並進入煉氣階段後，會在行功中體會到：「合」則吸氣，內氣和勁意由外而內納入小腹；「起」則呼氣，內氣和勁意聚於丹田；「承」則吸氣，內氣和勁意達於夾脊；「開」為呼氣，內氣和勁意達至四梢，開中寓合。再有，開合之間內氣還會隨呼吸自然在兩肩和兩腰之間沿脊背升降。這些都是自然形成，而非人為導引，只「存而隨之」即可，不可執著於意念，鬆靜才是太極的根本。李亦畬先生在《五字訣》中說道：「蓋吸則自然提得起，亦拿得人起；呼則自然沉得

下，亦放得人出。此是以意運氣，非以力使氣也。」運氣是自然的結果，而非以力運之。

3. 伏 氣

訣曰：

　　先回海底耀蟾蜍，翠浪清煙自捲舒；
　　且住河車窺倒影，風帆不動恰如如。

伏氣是煉氣的高級階段，是步入胎息、階及「神明」的必由之路，也是練出高水準太極技擊能力的必要條件。前之調氣和運氣重在養氣，但真一之氣化生而後，若只運不伏、只動不靜，必然難以歸元而再次散失；而在技擊中，若遇高手，也很容易由於後天呼吸之侷限，為人所乘。只有伏氣功成，胎息圓滿，才可最大限度地減少破綻，證得太極高境界。所謂伏氣，就是將真氣伏於丹田氣穴，呼中有吸，吸中有呼；呼即是吸，吸即是呼；呼吸綿綿而不斷，持一羽與鼻端而不搖。此時，周身氣機氤氳於丹田而不散，周身如同處於母胎之中。功夫至此，體力會大大增強，且勁力愈加細膩。若無此伏氣功夫，如果遇到過量的推手或技擊，隨著體力下降必然喘息，喘則內氣散，氣散則形散，形亂則敗局定矣。所以，要達到太極高境界，伏氣是必須逾越的一道難關。

另外，關於伏氣的應用，就是技擊中的氣口功夫，在「太極拳的神打、氣打、形打」一節中已經記述。

4. 胎 息

訣曰：

　　行住坐臥頤養神，龜胎鶴息立丹基；

魚不躍其機是躍，鳶不飛其性是飛。

胎息也叫「龜胎鶴息」，是道家內功修持的高級階段，是伏氣成功後的結果。做到了胎息，才算真正達到了神氣抱一，真正進入了內功的先天境界。可以說胎息是後天與先天的分水嶺。拳論裏的「完整一氣」「一氣貫串」都是指功夫達到胎息後的境界，而不是單純動作的連貫和一氣呵成。這個時候的內勁才真正是像抽絲剝繭般細膩而無瑕疵，勁意和內氣完全融合一起，勁就是氣，氣就是勁，且不受外在呼吸限制，可以極大程度地提升太極養生和技擊的作用。胎息是太極功夫由煉氣階段向神意階段過渡的仲介，只有做到了胎息，才能真正地勁由心生，心意一發，勁力隨焉。如果伏氣不成功，胎息未達到，此時的勁就會受到氣的干擾，也不能夠做到更加的細膩和圓活。

武禹襄《太極拳論要解》中說：「全身意在蓄神，不在氣，在氣則滯；有氣者無力，無氣者純剛。」這句話就是說的胎息境界。如果從太極的形和氣上解，而不探究道家內功的應用就無法理解。太極並非技巧功夫，它是一門武術，功夫到了胎息心意境界，心意一發，便會重創對手，絕不會像運用技巧推手那樣戲耍。

為什麼說達到胎息才是進入了神意階段？舉個例子大家就明白了。當我們集中精力或突然凝神的時候，那個瞬間是沒有後天口鼻呼吸的，所以要想能夠自然地運用神意於拳法中，必須首先伏氣而達到胎息。在沒有達到胎息之前，並不是說沒有神意作用，只是那個神意作用受形和氣的制約，無法做到自然和無礙。

三、三層功夫：煉神

　　「神」不是指神仙，而是人之靈明和知覺，所謂陰陽不測謂之神也。所以，神主宰制，每個人平日行住坐臥、喜怒哀樂、屈伸往來，悉皆神所主宰。在先天，曰元神。元神者，真一之神，不二之神，在佛為法性佛性，在道為元始祖性。在後天，曰識神。識神者，感知應對，靈動應物，變化不止之物。煉神就是要去除散亂之識神，涵養凝聚先天之「元神」，以達到靈明知覺，感而遂通的境界。功夫不到胎息和凝神境界，是難以體會心為令、意為旗、神為主宰、身為驅使的真實作用的。此一層次功夫分養神、凝神、運神和出神四種境界。

1.養　神
訣曰：

　　　　常應常靜常清靜，形鬆氣舒養神真；
　　　　靈根本是先天實，神不外馳氣自回。

　　養神功夫是伴隨著初學太極盤架子而開始的，可以說煉神或者煉性是貫穿整個太極修煉階段的。所謂養神就是透過練習太極拳架和其他太極行住坐臥的功夫，把日常散漫於生活瑣事的精神凝聚起來，由聚精會神的練功，使身心得到涵養，慢慢轉化氣質的過程。隨著練功深入，我們會覺得自己的脾氣變得隨和了，心性變得清虛了。

　　當我們能夠做到以真常之心應對一切事物的時候，養

神功夫便見成效了。《清靜經》曰：「人能常清靜，天地悉皆歸」「常應常靜，常清靜矣。」當我們由養神真正做到身心清靜的時候，我們才算真正有了練好太極拳的基礎。李亦畬先生《五字訣》中說：「一曰心靜。心不靜，則意不專，一舉手前後左右全無定向，故要心靜。」透過養神而達到心靜是太極功夫的基礎。

2. 凝　神

訣曰：

> 尾閭中正神貫頂，滿身輕利頂頭懸；
>
> 形圓力直無斷續，六心合一勁要整。

經由養神，收拾身心，做到心靜之後，周身之知覺漸漸靈明，精神也慢慢易於集中，這只是凝神的初級，還不是真正做到了凝神。完全意義上的凝神是煉氣進入胎息後，神氣抱一，如同回復到處胎狀態的一種境界，此時精神隨意可提起，心念一動，勁力即可發出。凝神的核心在於心靜和氣斂，能於此兩項做到精微，則神必凝。

關於這一點，李亦畬宗師在他的《五字訣》中說：「上四者（心靜、身靈、氣斂、勁整）具備，總歸神聚。神聚則一氣鼓鑄，煉氣歸神，氣勢騰挪。精神貫注，開合有致，虛實清楚。」可見，神聚或者說神凝，是太極煉形、煉氣和煉神的集中體現和融通。

3. 運　神

訣曰：

> 形為神舍不妄作，腰為驅使四梢齊；
>
> 意氣君來骨肉臣，煉氣歸神自騰挪。

運神是在凝神的基礎上，對神意知覺感應作用的練習。在煉氣功夫到一定程度後，可以在行功之中、「開」的時候將意識放遠，將內在的勁意向周身遠處發放，漸漸周身的氣感會慢慢強烈向身體四周延伸，最後一舉動彷彿周圍虛空處處與自己的動作相應。在「合」的時候，有意識地將外放的神意再收回。在神意的外放、開合中，泥丸、雙目的作用非常重要，但是不可用意過度，最好在老師的指導下練習。透過運神的練習，太極的聽勁和感應能力會快速加強，且對身邊移動的人和事物的知覺會更加敏銳，此時應該對自己有所克制，以免無意間傷人。

4.「出神」

訣曰：

> 乳哺三年唯一息，大而能化化乃神；
>
> 既出復入藏縝密，泥丸一點彌六合。

「出神」是煉神向還虛階段的過渡，是功到自然成的，而並非刻意鍛鍊。在凝神和運神功夫深入後，會在行功與坐功中，出現短暫的身心分離，只有「一靈獨覺」，形體才能彷彿融化於虛空狀態。這是功夫由依賴形體向超越形體過渡的中間狀態。此步功夫鞏固後，太極拳方可謂完全進入了無意識的神意階段，也就是「階及神明」和還虛的境界了。

這裏要注意，那種依然依賴於形體運動的「自發功」不屬於太極的「出神」階段功夫，只是有為有作的心理暗示，二者要區分開來，而且這種自發功狀態是不提倡放之任之的。在「出神」訓練中，我們還可由站樁或躺下休

息，在意識中去盤架子，在意識中去推手，在意識中去體悟太極拳的應用，如此練習純熟。雖然形體未動，但同樣可以練出潛在的本能反應。

四、四層功夫：煉虛

訣曰：

> 無形無相，全體透空。應物自然，西山懸磬。
> 虎嘯猿鳴，水清河靜。翻江播海，盡性立命。

煉虛是煉神的高級階段，也是道家內功修持徹頭徹尾的功夫。不能清虛，就無法真正的靜。不能靜，就無法實現煉形、煉氣和煉神。煉虛有成，即是還虛，回到人的「本來面目」，時刻可達胎息大定，功夫至此已達無形無象之境界，在無形中蘊含拳意。

簡單地說，就是由太極拳鬆、空的體驗，進而達到「全體透空」的虛空境界。此層功夫無法用語言表達，需要在太極功夫達到煉神階段後，從日常練拳、實踐、生活、自然中體悟。

一般的太極拳練習者，在有了一定的太極拳功夫後，也可以由加一定的意念來更快地體驗類似虛空的境界。比如，可以在齊腰深的水中站樁，去體會水的浮力、流動等；可以想像自身融化於空氣中，去體驗那種虛無；可以想像在水中，或水面盤架子，去體會那種流動的阻力、浮力，或如履薄冰、如臨深淵般的虛靈。

第四章
太極八法實用

太極拳的實踐應用包括推手和散手兩種狀態。葛順成傳太極拳的特點是推手與散手不二，接手即黏住，散手同於推手。

推手，又叫「揉手」「打手」，是鍛鍊聽勁、化勁、拿勁、發勁，以及向技擊過渡的特殊訓練方法。傳統的武式太極推手是進退各三步半（或三步）的活步推手，只有一種。後來由於歷代傳人的增益，推手得到了很大的發展，增演出了數十種練法。

由於推手練習變化多端，實難以筆墨精確地描述，這裏就不再說明推手的操練方法，只論述葛順成傳太極八種勁法的神意和用法。

葛順成傳太極拳和其他太極拳一樣，其主要勁力有八種，即掤、捋、擠、按、採、挒、肘、靠。

但是，葛傳武式太極拳在對八種勁法的鍛鍊和運用上，更加強調勁意和勁路，注重對《太極八字訣》和《太極八字要義》的體悟。

此八種勁意是太極拳中的八卦，其兩兩組合共計有六十四種用法，以六十四卦象徵，再演則至於無窮無盡。

下面結合《太極八字訣》和《太極八字要義》解析葛順成傳太極拳八種勁法的應用。

一、掤

1.八字訣

掤臂斜出月上弦，前臂微拱後掌圓。

對方斤兩有多少，掤臂觸之似稱盤。

敵勁出頭我對採，對方凹陷我擠先。

上下渾身一團氣，猶如長蛇摸地盤。

2.八字要義

掤勁義何解，如水負舟行，先實丹田氣，

次緊頂頭懸，周身彈簧力，開合一定間，

任爾千斤力，飄浮亦不難。

3.說　解

掤勁是整個太極拳勁法的核心，其他各種勁力都是掤勁的延伸。在太極拳的行功中，要周身皆有掤勁。掤勁在外形上，要具有拱形，只有其形如環狀，方可掤起敵勁並走化之。所以八字訣中說「掤臂斜出月上弦，前臂微拱後掌圓」，這是從外形上講。從勁意上來說，運用掤勁要體會「水負舟行」的意境，其勁既不是用力捧起，也不是完全無力疲沓，而是如水之浮力一般，隨船的重量而升降變化。老前輩們常說，掤勁就像是一桿秤，內勁就如同秤砣，隨著秤盤中物品重量的變化而不斷地添加和減少秤砣，從而使物品與秤砣保持平衡而不會從秤盤中脫落。

掤勁是用來衡量對手勁力大小和走勢的，要隨對方勁

力的大小和變化而不斷調整自己的勁路。太極對敵，往往出手即有掤勁，觸敵即有變化。所以八字訣中說「對方斤兩有多少，掤臂觸之似稱盤」。

在掤勁的練習和運用中「先實丹田氣，次緊頂頭懸，周身彈簧力」，也就是說，打掤勁要氣沉丹田，百會具有頂勁，這樣周身具有一對相爭的勁力，則處處皆可成為彈簧。掌握了掤勁的要點和用法，則自然可以「任爾千斤力，飄浮亦不難」。另外，在掤勁的運用中，要具有「長蛇摸地盤」般的靈敏，因敵變化配合其他勁法使用，比較常見的是掤勁與採勁配合，以及掤勁與擠勁配合。

掤勁變採勁，往往用在「敵勁出頭」之時。所謂「敵勁出頭」是指對方的勁力較大，我難以維持平衡，這時候要變掤為採，將對方勁路改變，從而控制對方。掤勁結合擠勁，則用在「對方凹陷」之時。所謂「對方凹陷」是指對方的勁力遇到我之掤勁，表現出難以為繼或退縮的勢頭，這時我要掤中帶擠，順勢將對方發出，這是「打回勁」。在掤勁與擠勁配合的運用中，我們往往還可以「打對勁」和「打來勁」，總之要因勢利導，變化多端。

二、搌

1. 八字訣

搌手好似鹿回頭，掌高手低勢自由。

神意全在掌中現，腰腿一致順水舟。

沾黏不離中土位，挒中帶引是要由。

有挒無擠空自挒，無挒有擠枉出頭。

2.八字要義

挒勁義何解，引導使之前，順其來勢力，

輕靈不丟頂，引之使延長，力盡自然空，

重心自維持，莫被他人乘。

3.說　解

挒勁常用於順勢而打，在太極的技法中使用得非常頻繁。「十八在訣」中說「挒在掌中」，就是說挒勁一般由兩掌來起作用。挒不是拉，也不是拽，而是順勢而引之，挒中有擠，改變對方的勁路而為我所制。「太極八字訣」中說「有挒無擠空自挒，無挒有擠枉出頭」，充分說明了挒和擠兩勁合用的重要性。

在挒勁練習和使用中，還要注意神意的自然、輕靈，這樣才能做到順勢，才是捨己從人，還要特別注意「鹿回頭」的神意。就像一頭小鹿正在低頭飲水，突然後面傳來了響聲，小鹿第一反應就是回頭顧盼，這一動作就是挒勁，應機而動，自然帶有一種靈動。

此外，在挒勁的使用中，還要注意三點：

一要注意挒勁是「順敵來勢力」，由「引導使之前」讓對方勁力走老，從而實現我順人背；

二要注意腰和腿部的配合，要「腰腿一致順水舟」，這就是說挒勁不全在兩掌和手臂上，要由擰腰、步法的配合來實現；

三要注意自身的重心，氣沉丹田，重心保持安穩，周

身中正安舒，只有這樣才能不被對方所乘。

三、擠

1. 八字訣

擠手打出賽拱橋，斜中帶摸意氣豪。

逢按打擠先捋化，引進落空單臂找。

拱橋閂著敵膀臂，先沉後前勢無繞。

擠又從捋先引進，捋後無擠是空著。

2. 八字要義

擠勁義何解，用時有兩方，直接單純力，

迎合一勁中，間接反應力，如球碰壁還，

又如錢投鼓，躍躍聲鏗然。

3. 說　解

擠勁是太極勁法中非常重要的一種勁力，太極的發放，可以說都含有擠的勁意在內。「十八在訣」中從招法上說「擠在手背」，其實周身任何一處都可以發出擠勁，擠勁的核心在「手到身要擁」，只有這樣才能真正將對方發出，而不是打出。

在體會擠勁的時候要多想想古代的拱橋，為何拱橋要比一般的平橋負載能力強？這就是弓的作用。所以，太極拳要一身備五弓，手到身要擁，前後一條線，方可發人如放箭，這就是擠勁。若將擠勁配合按、靠等勁混合運用則威力更大。

擠勁在運用的時候，常常跟隨著捋化，比如對方以按勁打我，我則先以捋勁改變對方勁路，然後接打擠勁，同時步法前隨，則對方必傾跌而出。另外，在用擠的時候要在斜中找，所謂斜即是以我之圈線改變敵之勁路，然後摸住時機，擠出對方，這便是多環運用的效果，也叫亂環。

另外，擠勁還可用於封閉敵之進路我勁先沉再前行，沉是為了穩住自己的重心和氣沉丹田，前行則是以擠封敵之變化，則敵必為我所制。

最後，說說「八字要義」對擠勁的總結。這個口訣將太極擠勁的用法總結為兩大類：一是直接單純力，一是間接反應力。所謂「直接單純力」是我主動以擠勁攻敵或在引進落空敵勁之後以擠勁制敵，這叫作「打來勁」和「打回勁」。

所謂「間接反應力」則是敵勁攻來，我趁敵勁力尚未完全發出之時，敷住對方的勁路以擠勁抵回對方的來勁，這樣對方就會像皮球打到牆壁被彈回一般被我擠出。這兩種用法在葛傳武式太極拳非常常見。

四、按

1.八字訣

打按好似虎撲羊，腰腿手臂各相當。

先沉後帶再按出，定將敵人擲當陽。

按掤捋化須注意，肘不過膝略無妨。

對方撤步來採我，進步肘靠將敵傷。

2. 八字要義

按勁義何解，運用如水行，柔中已寓剛，

急流勢難擋，逢高則膨滿，遇凹向下潛，

波浪有起伏，有空必鑽入。

3. 說　解

按勁是太極勁法中體現陽剛特點的勁力，在打按勁的時候要體現出「虎撲羊」的氣勢，同時還要注意上中下三盤的嚴整、腰腿的配合。從內功上看，按勁是一種下沉的勁力，隨著自身氣機的下沉將對方順勢按出，這就如同我突然將球向前斜按於水中一般，由於下按的勁力與水的浮力相爭，則球必被彈出。

此外，在演練和運用按勁的時候，還要體會波浪拍擊海岸的態勢。水是一種至柔之物，但是水一旦遇到風暴彙聚成浪，則無堅不摧，在至柔中孕育堅剛，其遇到阻礙則漲滿，最終壓過障礙繼續前行；遇到低凹則趁勢下潛，灌滿空虛後持續前行。海浪的這種態勢就是按勁，明乎此則按勁可得。

在運用中，遇到對方的阻礙，則前擎起彼勁再按之，遇到對方下潛時，則順勢覆蓋使彼不得復起，所謂「仰之則彌高，俯之則愈深」，這就是水勢。

最後強調一點，在運用按勁的時候，要注意一個「度」，否則過猶不及。

為了防備對方的捋化和採化，要做到手不離肘、肘不離肋和肘不過膝，身正方可保無虞。

五、採

1.八字訣

> 採似猿猴摘仙桃，沉後斜帶引敵討。
>
> 退步採腕要老辣，不傾不脆枉徒勞。
>
> 無論掤按與拳掌，採用遇之似冰消。
>
> 用採切防敵肘靠，守著中宮任意拋。

2.八字要義

> 採勁義何解，如權之以衡，任爾力巨細，
>
> 權後知輕重，輕移則四兩，千斤亦可稱，
>
> 若問理何在，槓桿作用存。

3.說　解

採勁是太極拳中最能體現化打合一的勁法，它既可以走化對方的勁力，也可以順勢將對方拋出，用法廣泛，十分重要。「十八在訣」中講「採在十指」，是說採勁多由手指發揮效果。眾所周知，指關節是人體最常用的關節之一，非常靈巧，而太極的採勁就是要利用十指的靈活，將太極的採化和攝取發揮到極致。所以，在運用採勁的時候，要體現出猿猴採摘仙桃的神意，要做到輕靈脆快，所以「八字訣」中說：「退步採腕要老辣，不傾不脆枉徒勞。」只有做到了輕靈脆快，才可以使對方的勁力如冰雪遇到火焰般融化。

運用採勁還要注意如何以四兩破千斤。因為對方主動

攻擊我，其勁力必然很大，若我直接以掌指去採化，必然難以奏效，這就運用採勁，要「權之以衡」。用現在的話說，就是用秤去權衡對方勁力的大小，做到細緻入微，無論對方如何變化，我都能衡量。這個「秤」就是掤勁，在運用採勁時先要伴隨著掤勁，還要綜合運用「五張弓」和槓桿原理來走化卸掉對方的勁力，真正打出採勁「守著中宮任意拋」的風采。

在打採的時候，防備對方以肘和靠來破自己的採，這就要自身步法和身法的相互配合。

六、挒

1.八字訣

挒打橫勁出驚彈，避開中門走螺旋。

單手平掃敵頸頂，手似快馬催磨轉。

挒手還須挒手破，彼以禮來我禮還。

肩隨腰轉龍轉身，切忌遲呆不天然。

2.八字要義

挒勁義何解，旋轉如飛輪，投物於其上，

脫然擲尋丈，急流成漩渦，捲浪若螺紋，

落葉附其上，倏爾便沉淪。

3.說　解

挒勁是太極四隅勁法之一，勁力剛猛，其主要作用部位在「兩肱」。在打挒的時候，要打出驚彈勁，打出橫

勁，所謂「捌打橫勁出驚彈」。捌勁往往用在對方來勁較大、較猛的時候，當對方以大力打來，我則在接觸敵勁的瞬間，快速擰腰，以腰帶手，將對方捌出。這就好比推磨，一方面我以兩臂催動對方這個「磨」轉出，從而讓對方的勁走偏；另一方面我自身也是一個「磨」，由於快速轉動，使對方打在「磨」上的勁隨離心力斜拋而出。體會磨盤的「磨轉心不轉」，這個心就是中正，就是氣沉丹田。

打捌時還要體會「龍轉身」的意境，要打出遊龍突然轉身的那種遒勁和一種掀翻一切的神意，這樣才可以打出「急流成漩渦，捲浪若螺紋，落葉附其上，倏爾便沉淪」的氣勢。

另外，如果對方以捌勁破我之勁力時，我同樣可以捌勁破彼之捌勁，要點是對時機的把握和對對方勁力的走化，對方捌勁因我之走化而落空變老，我突然「龍轉身」打出捌勁，對方猝不及防必被捌出，所以「八字訣」中說「捌手還須捌手破，彼以禮來我禮還」。

七、肘

1. 八字訣

肘打好似牛低頭，開花連環任自由。

此是近取一辣手，遠距用之氣人羞。

對方封採隨勢用，肘指肋脅一命休。

用肘最怕琵琶式，遇之轉身找咽喉。

2. 八字要義

> 肘勁義何解，方法計五行，陰陽分上下，
> 虛實宜分清，連環式莫擋，開花捶更凶，
> 六勁融通後，用途始無窮。

3. 說　解

肘勁是太極八種勁裏最為毒辣的一個，其往往給人以見縫插針、防不勝防之感。「十八在訣」說「肘在屈使」，就是說太極的肘打和其他拳種一樣，要屈折肘部，以肘擊人。但是太極的肘打又有自己鮮明的特點，隱蔽性強，貼身使用，大多與其他勁法配合使用。

肘打要打出「牛低頭」的神意來，在直勁中含有下挫之力，要多體會青牛低頭飲水那個瞬間動作的渾厚與靈動。另外，太極的肘擊往往連環使用，貼身擊打對方的脅肋，出手見紅、重創對方。「八字要義」中說「連環式莫擋，開花捶更凶，六勁融通後，用途始無窮」。所以，用肘一定要慎重，以免無意中傷人。

在肘打的時候，還要注意胸腰折疊的配合，其實質依然是胸腰折疊與丹田之力，是前腳踩後腳催動之力。在使用中要與其他各種勁法相配合，瞅準時機，從而一擊奏效。肘打善貼身而用，忌遠距而用，若能肘部貼住對方脅肋發力則更為精妙，這就需要練習者有過人的黏連走化功夫，所以「八字訣」中說「此是近取一辣手，遠距用之氣人羞；對方封採隨勢用，肘指肋脅一命休」。

用肘還要注意方位和虛實的配合，否則依然無法奏效，「八字要義」中「肘勁義何解，方法計五行，陰陽分

上下，虛實宜分清」兩句恰好說明了這一點。

　　最後說說如何破解太極的肘擊。在破解對方肘擊的時候，一般用到琵琶式，即一手托其中節，一手制其梢節，同時配合擰腰吸胯、抽身倒步來化解並反制對方，所以「八字訣」中有「用肘最怕琵琶式」一說。

　　但是任何攻擊和破解之法都是相對的，都是在特定的條件和時機下方可奏效。對太極而言，其根本的制勝之道還在敏銳的「聽勁」功夫。

八、靠

1. 八字訣

　　　進步打靠賽遊龍，靠腿直入敵襠中。

　　　由下斜上急轉身，肩打敵身不容情。

　　　切忌一腿不釘住，致使對方有餘容。

　　　靠打多由採手變，敵閃我採招法成。

2. 八字要義

　　　靠勁義何解，其法分肩背，斜飛式用肩，

　　　肩中還有背，一旦機可乘，轟然如搗碓，

　　　仔細維重心，失中徒無力。

3. 說　解

　　靠勁與肘勁一樣，是一種貼身攻擊的剛猛勁力，故又有「貼身靠」的稱謂。「十八在訣」中的「靠在肩胸」，就是說靠勁主要是用肩和胸來運使的一種勁法，主要技法

有「貼身靠」「迎門靠」和「肩背靠」等。打靠勁並不是單純的用肩或胸去撞擊，而是要在身法和步法配合的基礎上，打出「遊龍」的神意，要讓勁力像波浪一般綿綿不絕地湧出，體現出勁力的節節貫串。

在用法上，靠勁往往與採勁配合使用，即先用採手引進、走化對方勁力，使對方勁力無法再變，這時我再施以靠打必定一擊而中，所謂「靠打多由採手變，敵閃我採招法成」。

另外，在靠打的時候，一般還需配合「奪位」。所謂奪位，即由我之進中門或走邊門，及時封住對方的退路和變化的餘地，從而使對方為我所制，此時再加以靠打，往往事半功倍，敵必被發出。

最後，在靠打的時候，我們還要注意重心的維持，儘量將重心下沉，這樣一方面可以在制人的同時而不為人所乘；另一方面可以由蓄力而增強打擊的力度，就如炮的威力越大，底座的重量也越大一樣。

第五章
葛順成太極拳傳功

一、太極拳根基功夫

太極拳的根基功夫是練好葛順成傳太極拳架、推手、散手及器械的基礎，按照表現形式可以分為行、住、坐、臥四大類，也就是行功、樁功、坐功和臥功。

（一）樁 功

訣曰：

> 住而無所住，住出於無心；
>
> 神氣融合處，常聽太古音。

樁功也叫站樁，其鍛鍊方法源自自然界的樹木。樹木長得越大，根系也越發達。隨著站樁的深入，精氣神得到鍛鍊與強大，根基越來越紮實，拳法的技藝也會開枝散葉，無窮無盡。

站樁是練習太極拳最為基礎的功夫，其主要作用有穩固下盤、調整身形、涵養神氣、培育內勁、體驗鬆空等。

1. 無極樁

無極樁重在培養形神的虛靈，致虛使周身氣血暢通無礙，則勁力暢通無礙。伍沖虛真人曰：「無極是一氣之極無處。」氣既極無，則充盈無間，彌散周身。

無極樁（圖 5-1）的練法是：

①兩腳平行站立與肩等寬，兩膝似曲非曲，似直非直；重心後坐，前虛後實，重量在腳掌前後的比例為 3：7。

圖 5-1

②兩臂自然放鬆，垂於兩腿外側。兩手腕含有將掤未掤之意，兩臂亦含有掤起之意，但不可用力，如此可迅速體驗周身鬆、空的意境。

③頭部虛靈頂勁，與尾閭形成爭勁，豎項但不可用力，以自然為妙；兩耳尖對兩肩尖，鼻尖照心尖，兩眼對兩腎。

④舌抵上齶，尾閭內收，提肛溜臀，連接「上下鵲橋」。

⑤自然呼吸，息息歸丹田，內氣鼓盪，上不沖心，下不過臍，在心下腎上形成一個小的升降循環系統。

2. 渾元樁

渾元樁，可以讓人寧神靜氣、孕育內勁和鍛鍊周身靈敏之觸覺，對調理心肺功能、治療慢性疾病效果顯著。練習渾元樁有助於入靜放鬆、體會勁力，對於練好太極拳有

很好的輔助作用。

渾元樁（圖5-2）的練法是：

①兩腳平行站立與肩等寬，兩膝似曲非曲、似直非直；重心後坐，前虛後實，重量在腳掌前後的比例為3：7。

②三田通透，三點一線。也就是上、中、下丹田一線，泥丸（眉心內三寸半）、絳宮（膻中內三寸）、丹田（肚臍內三寸）連成一線。重心坐在尾閭。

③兩目垂簾，似閉非閉；嘴巴微閉，似笑非笑；陰蹻脈放鬆，似提非提。從而達到周身鬆透。

④前胸空、手心空、腳心空，前胸圓、脊背圓、虎口圓；五指自然張開。

⑤肩撐肘橫，鬆肩沉肘，兩臂抱於胸前。大臂撐開，肩要鬆，則胸自然涵虛；肘要沉，肘部略低於小臂，則兩臂自然鬆開；胸要開，不可刻意內含，則內氣自然升降。

圖5-2

如此自然氣沉丹田，周身空鬆。

關於站樁的意念問題，不做過多描述，以免初學者誤入歧途。事實上，功夫是存無守有，無中生有的，不做各類意念，反而最為穩妥。

3. 太極樁

無極樁、渾元樁是雙重，身體左右兩邊是對稱統一的。太極樁要分虛實，分左右兩式，也有人稱作「懷抱七星」，「抱」體現的是合勁，「七星」指的是手、肘、肩、胯、膝、足、頭。

太極樁（圖 5-3、圖 5-4）的練法是：

①兩腳前後站立，兩腳的角度不得大於 45°，重心放在後腳，前腳尖虛點地。

②兩臂相抱於體前，以左式為例，左手稍高，掌心朝上，左臂上掤；右手放於左肘旁，右手心向下。

圖 5-3

圖 5-4

③兩胯、兩肩、兩肘相抱，目視前方。

④涵胸、拔背、裹襠、護肫、提頂、吊襠、鬆肩、沉肘。
此樁含有後足催前足、向前催動之意境。

（二）坐　功

訣曰：

　　身心都放下，內裏有真人；

　　坐在無為樹，何曾染點塵。

　　坐功，又叫打坐、靜坐、坐丹、入定等，是凝神調息、頤養精神的重要手段。太極拳源自道家，從張三豐祖師創拳之初，便作為道人修道煉丹的輔助功法而廣為流傳。三豐祖師《學太極拳須斂神聚氣論》曰：「學太極拳為入道之基，入道以養心定性、聚氣斂神為主……欲求安心定氣性，斂神聚氣，則打坐之舉不可缺。」可見，練好太極拳的一個必要條件便是「養心定氣，聚氣斂神」，而靜坐就是鍛鍊養心定氣、聚氣斂神的一種有效方法。

　　由於本書並非道家內丹功法之著作，因此這裏只介紹一些有助於太極拳運功的靜坐吐納之法。

　　坐姿：道家盤腿之法常用的有三種。

　　第一，自然盤，兩腿自然盤坐於單上，左腿在外，右腿在內，是為陽抱陰（圖5-5）；第二，單盤，左小腿放於右小腿上，左腳放於右腿膝蓋內側（圖5-6）；第三，雙盤，先將右腳搬於左大腿內側，再將左腳搬於右大腿內側（圖5-7）。兩腿盤好後，坐直，上身中正，涵胸實腹，豎項，下頜微收，雙目微閉或垂簾留一線，舌抵上

圖 5-5

圖 5-6

圖 5-7

齶。

手訣：有兩個常用訣法。

第一，子午八卦連環訣，左手大指捏定左手中指尖（午位），右手大拇指插入左手大拇指與中指形成的指環內，掐定左手無名指根部（子位），右手中指尖掐定左手無名指外側根部，此為陰抱陽（圖 5-8、圖5-9）；

第二，太極訣，右手握住左手大拇指，左手大拇指尖掐定右手無名指根部（子位），左手其餘四指自然覆蓋右

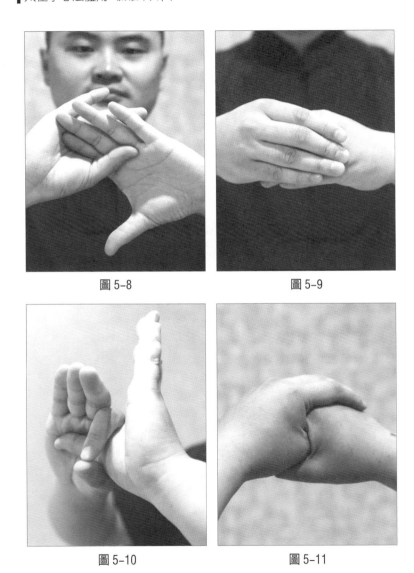

圖 5-8   圖 5-9

圖 5-10   圖 5-11

手四指（圖 5-10、圖 5-11）。

　　調息：有兩種吐納調息之法。

　　第一，鼻吸鼻呼，待上單坐好後，調勻呼吸，慢慢做

到綿綿不斷，恍恍惚惚，若亡若存；再移兩目之光（若有若無，非關意守）存於心下腎上之虛空處（亦即膻中內一寸半之絳宮與肚臍內一寸半之氣穴之間）；然後引呼吸之氣入於虛空，彷彿口鼻之外呼吸被納入心下腎上之虛空處，此時要體會呼吸中之呼吸，其氣上不沖心，下不過腎，搏聚於小腹，綿綿不絕。此功行之既久，可漸漸至於胎息定境，然非明師指點難以明瞭其中訣竅，此亦為道家丹道之手法。訣曰：「垂簾觀照心下腎上一寸三分之間，不即不離，勿忘勿助，萬念俱泯，一靈獨存，謂之正念。」

　　第二，鼻吸口呼。以鼻吸氣，以口呼氣之法，呼吸要做到綿綿若存，自然而然。訣曰：「養中忘言守命基，行住坐臥任呼吸。一呼一吸常默用，體交元神從意出。」另外，在行鼻吸口呼之法時，還配以六字氣訣，調理對應之臟器，此六字為：呵（心）、呼（脾）、嘶（肺）、噓（肝）、吹（腎）、嘻（三焦）。其法吸氣要綿長緩慢，以不令耳聞為要；呼則以六字發音之口型，緩緩吐氣，亦要綿長。

（三）行　功

　　訣曰：

　　　　兩腳行天下，真靈在內含；
　　　　萬般虛景象，哪向眼中耽。

　　行功，是鍛鍊太極拳步法、身法的輔助功法之一，其作用在調和呼吸與動作的協調，疏通經絡，穩固下盤，鍛鍊步法與身法的靈活，廣義的行功還包括盤架子。這裏主要介紹兩種步法的練習。

1. 直　行

　　兩腳併攏，自然站立，調和呼吸，待周身鬆透後，開始行功（圖5–12）。接著，中心逐漸移到右腿，右腳以腳跟

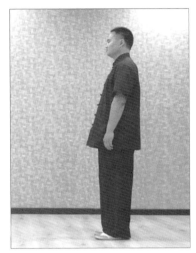

為軸，腳尖向右微碾。左腳提起成虛步（圖5–13）。左腳向前邁步，腳跟著地，腳面虛懸（圖5–14）。接著，右腳蹬地，左腳緩緩踏實，左腿同時緩緩前弓。此時腳掌如同車輪一般「輻輻落地」。這個動作要做到細、慢、勻，要體會兩腿之間的虛實陰陽轉換（圖5–15）。

　　待左腳踏實，以左腳跟

圖5–12

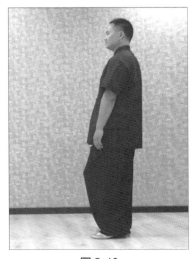

圖5–13

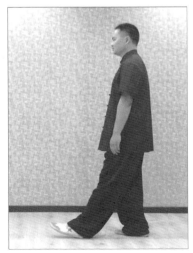

圖5–14

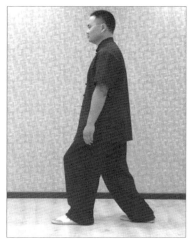

圖 5-15

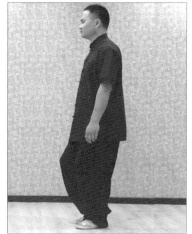

圖 5-16

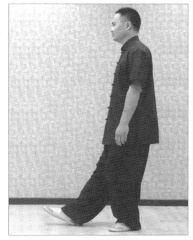

圖 5-17

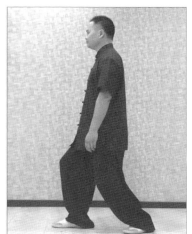

圖 5-18

為軸，腳尖向左微碾，右腳提起（圖 5-16）。接著，右腳
向前邁步，腳跟著地，腳面虛懸（圖 5-17）。然後，左
腳蹬地，右腳緩緩踏實，右腿同時緩緩前弓，最終成右弓
步。注意，後腿不可繃直，要如同跪步一般（圖 5-18）。

　　如此，左右兩腳輪替前進，反覆練習。待欲換方向時，後腳跟步，由前腳以腳跟為軸轉動來改變行走的方向。

2.走S線

　　走S線是葛順成傳太極拳最重要的一種步法。葛順成傳武式太極拳整個拳架的所有動作，幾乎都是由這一步法來運行，所以練好走S線，對於練好葛順成傳武式太極拳具有重要意義。本步法每一步分起、承、開、合四個動作。

　　預備式：兩腳自然站立，與肩等寬。舌抵上齶，虛靈頂勁，涵胸拔背。兩臂自然垂於身體兩側，鬆肩沉肘，氣沉丹田。（圖5-19）

　　起：重量緩緩移於右腿，再以右腳跟為軸，右腳向左撐動約45°，身體同時左轉。左腳提起，腳尖點地成虛步。（圖5-20）

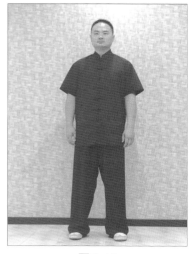

圖5-19　　　　　　　　　　圖5-20

圖 5-21

圖 5-22

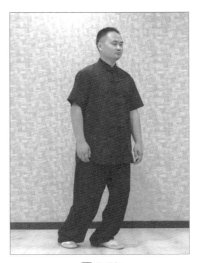

圖 5-23

　　承：左腳向前（相對於預備式方向爲左斜前方）上步，腳跟著地，腳掌虛懸。（圖 5-21）

　　開：右腳緩緩蹬地，左腳隨之緩緩踏實，左腿同時緩緩前弓。最後成前弓後跪步。（圖 5-22）

　　合：右腳跟步，右腳前掌著地。周身含有合勁，內氣收於丹田。（圖 5-23）

　　起：左腳以腳跟爲軸，腳尖向右轉動約 90°。同時身體隨之右轉，右腳尖點地成虛步。面朝右前方。（圖 5-24）

　　承：右腳向前（相對於預備式方向爲右斜前方）上

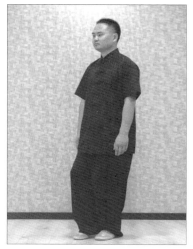

圖 5-24

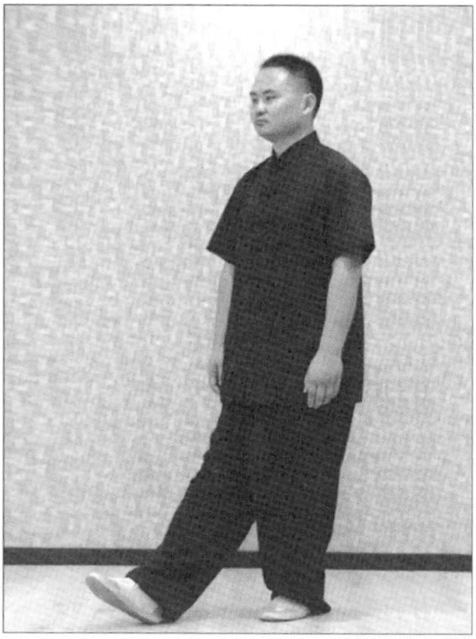

圖 5-25

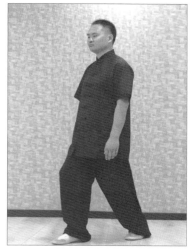

圖 5-26

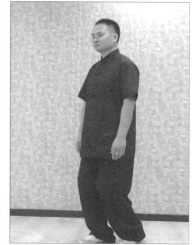

圖 5-27

步，腳跟著地，腳掌虛懸。（圖 5-25）

　　開：左腳緩緩蹬地，右腳隨之緩緩踏實，右腿同時緩
緩前弓。最後成前弓後跪步。（圖 5-26）

合：左腳跟步，左腳前掌著地。周身含有合勁，內氣收於丹田。（圖 5-27）

如此，左右反覆練習。

（四）臥　功

訣曰：

　　睡臥鴻濛竅，氣專神亦安；

　　猶如雞抱卵，夢入太和天。

睡功也叫臥功，是一種涵養神氣的特殊練法，其重點在養。自古以來，內家拳便有「三分練、七分養」的說法，而睡功就是一種很好的養道功夫。傳統道教傳下的睡功甚多，如陳摶老祖五龍盤體蟄法、虛靜天師睡功、陳自得大睡功、尹清和睡法等。

這裏只介紹道家最有名的「五龍盤體」睡法，此功能夠很好地改善睡眠，達到頤養神真的作用。

「蟄龍法」口訣曰：「龍歸元海，陽潛於陰。人曰蟄龍，我卻蟄心。默藏其用，息之深深。白雲高臥，世無知音。」這裏「龍」指真意，「元海」指水府氣穴，「陽」指真陽之氣，「陰」指坎宮丹田。

練法：右側臥，左手掌心朝上，平放於面前，或用左手捂住左耳朵；右臂自然放於身側，並以右手捂住肚臍；右腿伸直，左腿微曲。

調息法可以參照前面的坐功練法。睡醒後，調整身形成平躺式，兩手自然放於身體兩側，掌心朝下，鼻吸口呼調息 7 次，然後睜開雙目，起身。（圖 5-28）

圖 5-28

二、葛順成傳太極拳老架

葛順成傳武式太極拳老架是葛傳武式太極體系中最核心的部分，按照歷代傳抄的譜子，一共 108 式，分頭趟54 式和後趟 54 式。

在傳統的師徒傳授中，往往是先學前 54 式，待弟子練習純熟後，再教習後 54 式。在這套架子中，同時存在攬雀尾和懶紮衣，這兩式動作要領基本一致，唯方向不同，由於傳抄自老譜，在此本著尊重傳統的態度，不作更改。另外，上式、抱虎推山、十字手、如封似閉等式子的動作和練法與攬雀尾有細微的區別。

葛傳太極拳 108 式老架拳譜

1. 起式
2. 左右攬雀尾
3. 單鞭
4. 白鶴亮翅
5. 摟膝拗步
6. 手揮琵琶
7. 左右上式
8. 搬攔捶
9. 抱虎推山
10. 右左上式
11. 如封似閉
12. 單鞭
13. 提手上式
14. 肘底看捶
15. 倒攆猴（一）
16. 倒攆猴（二）
17. 倒攆猴（三）
18. 倒攆猴（四）
19. 上步白鶴亮翅
20. 摟膝拗步
21. 手揮琵琶
22. 海底針
23. 青龍出水

24. 扇通背右上式
25. 左上式
26. 如封似閉
27. 單鞭
28. 雲手（一）
29. 雲手（二）
30. 雲手（三）
31. 右上式
32. 右高探馬
33. 左蹬腳
34. 左上式
35. 左高探馬
36. 右蹬腳
37. 右上式
38. 轉身蹬一根
39. 轉身左蹬腳
40. 左上式
41. 斜飛式
42. 進步栽捶
43. 翻身二起腳
44. 退步伏虎
45. 撇身捶
46. 左蹬腳

47. 轉身右蹬腳

48. 右上式

49. 左右懶紮衣

50. 搬攔捶

51. 抱虎推山

52. 右左懶紮衣

53. 如封似閉

54. 斜單鞭

55. 野馬分鬃（一）

56. 野馬分鬃（二）

57. 野馬分鬃（三）

58. 野馬分鬃（四）

59. 玉女穿梭（一）

60. 玉女穿梭（二）

61. 玉女穿梭（三）

62. 玉女穿梭（四）

63. 十字手

64. 倒單鞭

65. 下式

66. 左右金雞獨立

67. 倒攆猴（一）

68. 倒攆猴（二）

69. 倒攆猴（三）

70. 倒攆猴（四）

71. 上步白鶴亮翅

72. 摟膝拗步

73. 手揮琵琶

74. 海底針

75. 青龍出水

76. 扇通背右上式

77. 左上式

78. 如封似閉

79. 單鞭

80. 雲手（一）

81. 雲手（二）

82. 雲手（三）

83. 右上式

84. 右高探馬

85. 左蹬腳

86. 左上式

87. 左高探馬

88. 右蹬腳

89. 右上式

90. 迎面掌

91. 左蹬腳

92. 轉身擺蓮

93. 左指襠捶

94. 右指襠捶

95. 如封似閉

96. 單鞭

預備式（無極式）

歌訣：

> 身懷陰陽正身立，鬆肩垂臂兩腳齊；
> 全體透空歸無極，靜極極靜覓真意。

　　預備式又叫無極式，它是整個拳架的起始，至關重要。所謂「無極生太極也」。立定，雙腳平行站定，與肩等寬，呈「川」字，雙臂自然下垂，鬆肩沉肘，虛靈頂勁，豎項，拔背（但不可用力繃勁），涵胸。如此則自然氣沉丹田，水府腎精含固，所謂「實腹空胸離中虛」。靜立以涵養本源，靜待內氣的運動，所謂「腹內鬆靜氣騰然」。靜極生動，待丹田氣動，開始接轉下式。（圖 5-29）

圖 5-29

第一式　起式（太極式）

　　起式又叫太極式、太極椿，是太極而生兩儀的開始。接上式。雙臂由體側緩緩向上掤起，同時雙臂外翻。至雙手高於肩平時，雙手掌心翻至斜向上。此為吸氣，動作止則吸氣盡，絲毫不可有誤（圖 5-30）。然後，雙臂內翻，雙掌下按並收於體側，此為呼氣。此式也叫乾坤升降，主練氣機的升降，可以促進周身神氣的摶結，所謂「尾閭中正神貫頂」（圖 5-31）。

圖 5-30

圖 5-31

第二式　左右攬雀尾

歌訣：

　　　左攬雀尾左手前，伸掤下按走圈圓；
　　　不丟不頂隨人動，抖發只在一瞬間。

右攬雀尾右手前，伸掤下按走圜圓；

不丟不頂隨人動，抖發只在一瞬間。

攬雀尾是太極拳的母式。練好此式對於練好整個太極拳架和推手都是至關重要的。接上式，雙臂上掤，在此過程中，雙臂逐漸相合，掌指逐漸相對成環狀，至此雙掌應與肩等寬，同時雙腿下蹲。此為吸氣（圖5-32）。

注意下蹲時必須保持上身和尾閭中正；下蹲的高度要和自己的體力適當，因為這個動作又叫「定架」，定多高，此後的拳架就要保持這個高度，不可忽高忽低。

然後，重心移到右腿，以右腳跟為軸，右腳向左轉約45°，身體也隨之向左轉。同時雙臂、兩掌外翻，左手略高在外，右手略低在內。此為呼氣（圖5-33）。上動不停，左腳向左前方上一步，腳跟著地呈虛步。同時，雙手外

圖5-32

圖5-33

翻,雙掌心向前。此為吸氣(圖 5-34)。

然後,右腳蹬地,左腿前弓,左足逐漸踩實,左腿小腿要和地面垂直不可前傾。同時,雙臂暗含按勁向前推出,右掌運行的速度略大於左掌。定式時,右掌略高、略靠前。整個過程要保持上身中正,不可前傾(圖 5-35)。

接上式。雙手逐漸合抱,右手在外,左手在內,掌心向內;同時後腿收至左足後側,重心仍在左腿,此為吸氣。注意合抱雙手與收腿的動作要一致,要同時到位(圖 5-36)。然後,以左足跟為軸,帶動全身向右轉約 90°,此為實腿轉,重心在左腿;同時,雙臂外翻,右手在外,左手在內。此為呼氣(圖 5-37)。右腿向右前上步,腳跟著地,腳尖虛懸;同時,雙手繼續外翻至掌心向前。 此為吸氣(圖 5-38)。然後,左腿蹬地,右腿前弓,右足逐漸踩

圖 5-34

圖 5-35

實。同時，雙掌暗含按勁向前推出。推出時，左掌的運行
速度稍快於右掌，定式時，左掌稍高、稍靠前（圖5-39）。

圖5-36

圖5-37

圖5-38

圖5-39

第三式　單　鞭

歌訣：

> 扭項回頭腰旋轉，雙手分弓拉單鞭；
>
> 腕指屈伸生彈力，扣膝腳屹穩如山。

接上式。上手逐漸裏裏合抱，左手在外，右手在內，掌心向內；同時左腿收至右腿後側，重心仍在右腿，此為吸氣（圖5-40）。然後，以右足跟為軸，右腳向左轉約90°，同時帶動身體向左旋轉，兩掌微微裏旋。此為呼氣（圖5-41）。左腳接著向左側上步，腳跟著地，雙腳呈斜川字步；同時雙手外翻分開至雙肩的位置，此為吸氣（圖5-42）。左腿逐漸前弓，同時雙掌向兩側拉翻並推出，注意手與足合，雙臂與雙腿平行。此為呼氣（圖5-43）。

圖 5-40

圖 5-41

圖 5-42

圖 5-43

第四式　白鶴亮翅

歌訣：

> 彼方攻猛來勢急，白鶴亮翅展雙臂；
>
> 右手升掤滾捲化，左手隨勢可擊敵。

接上式。右腿收回至左腿後側，重心仍在左腿，同時，雙手裏裏合抱，左手在內，右手在外，掌心向內，此為吸氣（圖 5-44）。

以左腳跟為軸，帶動全身向右旋轉約 90°，同時雙手逐漸外翻，右掌翻上，左掌翻下。此為呼氣（圖 5-45）。

接著，右腳上步，腳跟著地，腳尖虛懸。同時，兩掌繼續外翻至掌心斜向前。此為吸氣（圖 5-46）。

　　然後，左腳蹬，右腿逐漸弓步，雙手向前推按而出。
注意兩掌要有合意。此為呼氣（圖 5-47）。

圖 5-44

圖 5-45

圖 5-46

圖 5-47

第五式 摟膝拗步

歌訣：

左手摟膝化敵拳，右手發掌擊胸肩；

周身協調求勁整，丹田沉氣一貫串。

接上式。左腿收至右腿後側，重心仍在右腿，同時，雙手裏裹合抱，左手在內，右手在外。此為吸氣（圖5-48）。接著，左腳向後插步，以右腳跟為軸，帶動全身向左轉約180°，同時，左手逐漸向左下摟，右掌邊外翻旋轉邊向左推出。此為呼氣（圖5-49）。然後，左腿向前（東北）邁步，腳跟著地，腳尖虛懸。同時左掌摟至左小腹部，掌心向下；右掌繼續外翻成掌心朝前，置於和心口大約平行的位置，此為吸氣（圖5-50）。然後，左腿逐漸前弓，雙掌掌形不變同時向前推按而出。此為呼氣（圖5-51）。

圖 5-48

圖 5-49

圖 5-50

圖 5-51

第六式　手揮琵琶

歌訣：

右手接彼腕和拳，左掌翹肘向右按；

螺旋擰轉威力大，強行制敵在眼前。

接上式。收右腳至左腳處，雙手裏裏合抱，左手在下、右手在上。此為吸氣（圖 5-52）。接著，以左腳跟為軸，右腳向右轉動約 90°，同時帶動全身向右轉，兩掌隨身而轉，左掌向右外翻前推，右掌由上向下循弧線移動至丹田處，掌心向上，兩手依然有合抱之意。此為呼氣（圖 5-53）。然後，右腳向前（東南）上步，腳跟著地，腳尖虛懸，雙掌皆朝向前方，掌形不變，保持左掌心向前、右掌心向上。此為吸氣（圖 5-54）。

　　然後，後腿含蹬意，右腿前弓，同時雙掌向前推出，
掌形不變，仍帶合意。此為呼氣（圖 5–55）。

圖 5–52

圖 5–53

圖 5–54

圖 5–55

第七式　左右上式

接上式。左腳收回至右腳旁，同時兩手裏裹。左手略高於右手。此為吸氣（圖 5-56）。

然後，重心移到右腿，右腳以腳跟為軸向左轉約90°，身體也隨之向左轉動。同時兩掌隨之外翻。左手略高，右手略低，雙手掌心向內。此為呼氣（圖 5-57）。

上動不停，左腳向左前方（東北）上一步，腳跟著地呈虛步。同時，雙手繼續外翻，雙掌心向前。此為吸氣（圖 5-58）。

然後，右腳蹬地，左腿逐漸前弓，左足逐漸踩實，左腿小腿要和地面垂直不可前傾。同時，雙臂暗含按勁向前推出。整個過程要保持上身中正，不可前傾（圖 5-59）。

圖 5-56

圖 5-57

圖 5-58

圖 5-59

　　注意此式同「左攬雀尾」，唯方向不同，面向東北。

　　接上式。雙手逐漸裏裏合抱，右手在外，左手在內，掌心向內；同時後腿收至左腳後側，重心仍在左腿，此為吸氣（圖 5-60）。

　　然後，左腳以腳跟為軸，向右轉約 90°，同時帶動周身向右轉動。同時，雙掌隨之外翻。此為呼氣（圖 5-61）。

　　接著，右腿向右前（東南）上步，腳跟著地；同時，雙手繼續外翻至掌心向前。此為吸氣（圖 5-62）。

圖 5-60

圖 5-61

圖 5-62

圖 5-63

　　然後，左腿蹬地，右腿逐漸前弓，雙掌暗含按勁向前推出（圖5-63）。

　　注意：本式同「右攬雀尾」唯方向不同，面向東南。

第八式　搬攔捶

歌訣：

> 太極冉冉非等閒，足踩陰陽進搬攔；
> 手腳翕張勁力整，黏隨猶用意沾連。

接上式。左腳收至右腳側，雙手裹裹合抱逐漸握拳，此為吸氣（圖5-64）。然後，以腳跟為軸，右腳向左轉動約45°。同時帶動周身向左轉動，兩拳同時外翻，左拳外翻下搬，右拳外翻上提，兩拳持於腹前。此為呼氣（圖5-65）。接著，左腳向前（正東）上步，腳跟著地呈虛步；同時，左拳翻下，拳眼向下；右拳翻上，拳面朝前。此為吸氣（圖5-66）。接著，後腳蹬，前腿弓，身體逐漸前移，同時雙拳姿勢不變向前打出。此為呼氣（圖5-67）。

圖5-64

圖5-65

圖 5-66

圖 5-67

第九式　抱虎推山

歌訣：

　　　猛虎進擊似煞神，退步轉讓雙手分；

　　　旋腰撐胯把襠扣，抱著猛虎歸山林。

　　接上式。右腳收到左腳旁，同時雙手裏裏合抱，掌心向內，同時吸氣（圖 5-68）。接著，重心由左腿移到右腿，成左虛步，兩掌同時含上挑之意外翻。此為呼氣（圖 5-69）。然後，左腳向前上步，腳跟著地，同時雙掌繼續外翻至掌心向前。此為吸氣（圖 5-70）。後腳蹬，前腿弓，同時雙掌含按勁向前推出。此為呼氣（圖 5-71）。

　　注意，抱虎推山與攬雀尾兩式外形相似，但練法和用法不同。其區別在於抱虎推山兩手合抱中有上挑之勁意，而攬雀尾是左右滾動外翻；另外，在定式時，抱虎推山兩掌在一

個平面，不分前後高低，主要體現在兩臂「前推」的按勁；
而攬雀尾定式時，則兩手前後高低不同，含有更多的變化。

圖 5-68

圖 5-69

圖 5-70

圖 5-71

第十式　右左上式

接上式。後腳收至前腳旁，雙手合抱，右手在外、左手在內，掌心朝內。此為吸氣（圖5-72）。然後，左腳以腳跟為軸向右後轉動約225°，同時帶動周身向右後轉動。雙掌同時逐漸外翻。此為呼氣（圖5-73）。接著，右腳向前上步，腳跟著地；同時，雙掌繼續外翻至掌心朝前（西北）。此為吸氣（圖5-74）。最後，左腳蹬、右腿弓，帶動身體逐漸前移，同時雙掌向前按出（圖5-75）。

接上式。左腳收回至右腳旁，同時兩手裏裹合抱。此為吸氣（圖5-76）。然後，重心仍在右腿，右腳以腳跟為軸向左轉約90°，身體也隨之向左轉動。同時雙臂兩掌隨之外翻。此為呼氣（圖5-77）。上動不停，左腳向左前方上一步，腳跟著地呈虛步。同時，雙手外翻至掌心

圖 5-72

圖 5-73

向前。此為吸氣（圖5-78）。最後，右腳蹬地，左腿前弓，左足逐漸踩實，左腿小腿要和地面垂直不可前傾。同

圖 5-74

圖 5-75

圖 5-76

圖 5-77

圖 5-78

圖 5-79

時，雙臂暗含按勁向前推出。此整個過程要保持上身中正，不可前傾（圖 5-79）。

第十一式　如封似閉

歌訣：

彼方猛攻事非輕，當機立斷雙手封；

先是封住再似閉，往復折疊意守中。

接上式。雙手逐漸裏裏合抱，右手在外、左手在內，掌心向內；同時後腿收至左腳後側，重心仍在左腿，此為吸氣（圖 5-80）。然後，左腳以腳跟為軸向右轉約 45°，同時帶動周身右轉。同時，兩掌逐漸外翻。此為呼氣（圖 5-81）。接著，右腿向右前上步，腳跟著地，腳尖虛懸；同時，雙手繼續外翻至掌心向前。此為吸氣（圖 5-82）。

然後，左腿蹬地，右腿前弓，右腳逐漸踩實。同時，雙掌
暗含按勁向前推出（圖 5-83）。

圖 5-80

圖 5-81

圖 5-82

圖 5-83

注意：本式與攬雀尾、抱虎推山相似，但略有不同。如封似閉兩手無主次虛實，一起向前擠按而出。攬雀尾式，兩手要分陰陽虛實地推按而出。抱虎推山雖與如封似閉相同，但在合抱之時，含有上挑之勁。如封似閉、攬雀尾和抱虎推山三式外觀極為相似，但勁法不同。

第十二式　單　鞭

接上式。上手逐漸合抱，左手在外，右手在內，掌心向內；同時左腿收至右腿後側，重心仍在右腿，此為吸氣（圖 5-84）。然後，以右腳跟為軸帶動身體向左旋轉135°，雙手繼續合抱。此為呼氣（圖 5-85）。接著，左腳接著向左側上步，腳跟著地，雙腳呈平行；同時雙手分開至雙肩的位置，此為吸氣（圖 5-86）。最後，左腿逐漸前

圖 5-84

圖 5-85

圖 5-86

圖 5-87

弓，同時雙掌向兩側推出，注意手與足合，雙臂與雙腿平行。此為呼氣（圖 5-87）。

第十三式　提手上式

歌訣：

> 提手上式長身形，向上發放意最凶；
>
> 丹田沉氣根基穩，腳蹲手發意守中。

接上式。右腳收至左腳旁，同時雙臂裏裏合抱，左手抱至胸口，掌心斜向內；右手抱至小腹部，掌心斜向內。此為吸氣（圖 5-88）。然後，左腳以腳跟為軸向右轉動約90°，帶動全身向右轉動；同時，右掌從下往上摟，左掌往下按。此為呼氣（圖 5-89）。然後，右腳向前（西南）上步，腳跟著地；同時，兩掌外翻至掌心斜向前。此為吸氣（圖

5-90)。最後，左腳蹬、右腿弓；同時，雙掌保持掌勢不變
向前推按出，左掌在下、右掌在上。此為呼氣（圖 5-91）。

圖 5-88

圖 5-89

圖 5-90

圖 5-91

第十四式　肘底看捶

歌訣：

左手托取意擎天，葉底藏花非一般；

擊打彼心並兩肋，身法扣襠穩如山。

接上式。雙手裏裏合抱並逐漸握拳，同時收左腿至右
腳後側。此為吸氣（圖 5-92）。

然後，左拳從下向上貫出，拳高與眼平，右拳置於
左肘下；同時，提起左腿成右獨立步。此為呼氣（圖 5-
93）。

圖 5-92

圖 5-93

第十五式　倒攆猴(一)

歌訣：

　　毛猴躥擊來勢凶，倒攆轉身引落空；

　　左手化解彼失勢，右手點發可擊中。

接上式。左腳向後方近右腳處落下，身體略左轉，呈左虛右實。同時雙拳變掌，左掌隨左腳落地向身體左側下方摟動，至左腰側，同時隨身體左轉移動，雙手要有抱合意識。此為吸氣（圖5-94）。

右腳以腳跟為軸向左後轉約180°，帶動全身向左後轉，面向東北，左腳呈虛步。

同時左掌隨之下摟，右掌隨之外翻。此為呼氣（圖5-95）。

左腳上前上步，腳跟著地；雙掌繼續外翻至左掌心向

圖 5-94

圖 5-95

圖 5-96　　　　　　　　圖 5-97

下、右掌心朝前。此為吸氣（圖 5-96）。

　　最後，右腳蹬、左腿弓，雙掌保持掌形向前推按出。此為呼氣（圖 5-97）。

第十六式　倒攆猴（二）

　　接上式。右腳收至左腳側，同時雙手裏裏合抱，右手在上、與心齊平，左手在下、於小腹旁，掌心均朝內；身體略右轉，呈左實右虛勢。此為吸氣（圖 5-98）。

　　左腳以腳跟為軸向右後轉動約 180°，帶動身體向右後轉動。同時右掌隨之下摟，左掌隨之外翻。此為呼氣（圖 5-99）。

　　然後，右腳向前（西南）上步，腳跟著地，兩掌繼續外翻至左掌心向前、右掌心向下。此為吸氣（圖 5-100）。

最後，左腳蹬、右腿弓，帶動身體向前運行，雙掌保持掌形向前推按出。此為呼氣（圖 5-101）。

圖 5-98

圖 5-99

圖 5-100

圖 5-101

第十七式　倒撞猴（三）

接上式。收左腳，同時兩掌裏裹合抱。此為吸氣（圖 5-102）。

接著，右腳以腳跟為軸向左轉動約 90°，帶動全身向左轉動，面向東南；同時左掌隨之下摟，右掌隨之外翻。此為呼氣（圖 5-103）。

圖 5-102

圖 5-103

然後，左腳向前上步，腳跟著地；同時，雙掌繼續外翻至左掌心向下、右掌心向前。此為吸氣（圖 5-104）。

最後，右腳蹬、左腿弓，雙掌保持掌形向前推按出。此為呼氣（圖 5-105）。

圖 5-104

圖 5-105

第十八式　倒攆猴（四）

接上式。右腳收至左腳側，同時雙手裏裏合抱；同時身體略右轉，呈左實右虛勢。此為吸氣（圖 5-106）。

接著，左腳以腳跟為軸向右後轉動約 180°，帶動身體向右轉動。同時，右掌隨之下摟，左掌隨之外翻。此為呼氣（圖 5-107）。

然後，右腳向前（西北）上步，腳跟著地，同時雙掌繼續外翻至右掌心向下、左掌心向前。此為吸氣（圖 5-108）。

最後，左腳蹬、右腿弓，帶動身體向前運行，雙掌保持掌形向前推按出。此為呼氣（圖 5-109）。

圖 5-106

圖 5-107

圖 5-108

圖 5-109

第十九式　上步白鶴亮翅

接上式。後腳收至右腳後側，同時身體略向左轉，雙掌變拳合抱，左拳在上、右拳在下。此為吸氣（圖5-110）。接著，右腳以腳跟為軸向左轉動約90°，帶動全身向左轉動，同時左臂外翻並上掤，右手隨之。此為呼氣（圖5-111）。然後，左腳向東南方上步，腳跟著地，同時兩手兩臂相隨。此為吸氣（圖5-112）。最後，左臂隨腰身左轉掤於胸前，同時右臂與之相合。此為呼氣（圖5-113）。

接上式。收後腳至左腳旁，同時兩手裏裹於胸前合抱。此為吸氣（圖5-114）。接著左腳以腳跟為軸，向右轉動約90°，帶動全身隨之右轉，同時兩掌外翻，右掌右臂

圖5-110

圖5-111

隨之上掤，面朝西南。此為呼氣（圖 5-115）。接著，右
腳向西南方上步，腳跟著地，同時，兩掌外翻，掌心均朝

圖 5-112

圖 5-113

圖 5-114

圖 5-115

圖 5-116

圖 5-117

外，左掌在下、右掌在上，保持沉肩墜肘。此為吸氣（圖5-116）。然後，右腿逐漸弓步，左腳蹬地，兩掌隨之向前掤按而出。此為呼氣（圖5-117）。

第二十式　摟膝拗步

接上式，左腿收至右腿後側，重心仍在右腿，同時雙臂裏裏合抱，左手在內、右手在外。身體左虛右實，略向左擰。此為吸氣（圖5-118）。接著，右腳向左後略插步，以腳跟為軸向左後轉約180°，帶動全身向左轉；同時左手逐漸向左下摟，右掌邊旋轉邊向左推出。此為呼氣（圖5-119）。然後，左腿向前（東北）邁步腳跟著地；同時左掌外翻至掌心朝下，右掌外翻至掌心朝前。此為吸氣（圖5-120）。

　　最後，左腿逐漸前弓，同時雙掌掌形不變向前推出，暗含合意，手不過膝。此為呼氣（圖5–121）。

圖5–118

圖5–119

圖5–120

圖5–121

第二十一式　手揮琵琶

接上式。收右腳至左腳處，雙手裏裹合抱，左手在下、右手在上。此為吸氣（圖 5-122）。

接著，以左腳跟為軸，右腳向右轉動約 90°，帶動全身向右轉，同時兩掌隨身而轉，左掌向右外翻前推，右掌由上向下循弧線移動至丹田處，掌心向上，兩手依然有合抱之意。此為呼氣（圖 5-123）。

然後，右腳向前（東南）上步，腳跟著地，腳尖虛懸，雙掌皆朝向前方，掌形不變，保持左掌心向前、右掌心向上。此為吸氣（圖 5-124）。

然後，後腿含蹬意前弓，同時雙掌向前推出，掌形不變帶合意。此為呼氣（圖 5-125）。

圖 5-122

圖 5-123

圖 5-124

圖 5-125

第二十二式　海底針

歌訣：

> 彼方擊腹來意真，隨機下按指端沉；
>
> 牽引彼力借彼力，往下俯按則彌深。

接上式。左腳收回至右腳旁，兩手裏裏合抱，左手在上、右手在下，雙手掌心斜向內。此為吸氣（圖5-126）。然後，雙手如同抱球旋轉般逐漸翻成右掌在上，左掌於右腕旁；同時右腳以腳跟為軸向左轉扣約90°。此為呼氣（圖5-127）。接著，身體下蹲，兩掌隨之外翻，掌心斜向下。此為吸氣（圖5-128）。最後，身體繼續下蹲，兩掌繼續外翻，左掌持於左胯旁，手掌隨之下按，

面向東北。此為呼氣（圖 5-129）。注意，右腿實、左腿虛，身體右實、左虛，保持尾閭中正，不可折腰。

圖 5-126

圖 5-127

圖 5-128

圖 5-129

第二十三式　青龍出水

歌訣：

　　　屈體直立似青龍，兩臂分張開似弓；

　　　彼方立撲將欲按，身如彈簧頂上擎。

接上式。雙手裏裹合抱，身體略右轉。此為吸氣（圖5-130）。

接著，右腳外碾約90°，身體隨之右轉；同時兩臂外翻、右臂上掤，左手隨之向右上擎。此為呼氣（圖5-131）。

接著，左腳向東南上步，腳跟著地。兩掌繼續外翻至掌心斜朝外。此為吸氣（圖5-132）。

最後，右腳蹬、前腿弓，同時，兩臂兩手向前上掤、捌，同時擎出如同龍爪，上身隨之略前傾且前胸斜向右

圖 5-130

圖 5-131

圖 5-132

圖 5-133

側。此為呼氣（圖5-133）。此式要體會「青龍出水」之意。

第二十四式　扇通背右上式

歌訣：

> 身後之敵要慎防，扣足翻身換方向；
>
> 擊來撥化隨彼走，發勁欲足須扣襠。
>
> 扇通背式變多端，太極八法在內含；
>
> 隨人所動是宗旨，不丟不頂順自然。

接上式。上身後翻，同時兩臂向後領、帶。此為吸氣（圖5-134）。接著，左腳以腳跟為軸向右後轉動約180°，同時帶動周身右轉，兩手隨之內翻合抱，右腳收回。此為呼氣（圖5-135）。接著，右腳向西南上步，腳跟著地；同時，雙掌外翻成掌心斜向前置於胸前。此為

吸氣（圖 5-136）。最後，左腳蹬、右腿弓，雙掌向前
推按而出。此為呼氣（圖 5-137）。

圖 5-134

圖 5-135

圖 5-136

圖 5-137

第二十五式　左上式

接上式。左腳收回至右腳旁，同時兩手裏裏合抱，左手略高於右手。此為吸氣（圖5-138）。

然後，重心移到右腿，右腳以右腳跟為軸向左轉約90°，帶動身體也隨之向左轉；同時雙臂兩掌隨之外翻左掤。此為呼氣（圖5-139）。

圖5-138

圖5-139

上動不停，左腳向左前方（西南）上一步，腳跟著地呈虛步。同時，雙手繼續外翻至掌心向前。此為吸氣（圖5-140）。

最後，右腳蹬地、左腿前弓，左足逐漸踩實，同時雙臂暗含按勁向前推按而出。此為呼氣（圖5-141）。

圖 5-140

圖 5-141

第二十六式　如封似閉

接上式。雙手裏裏合抱，右手在外、左手在內，掌心向內；同時後腿收至左腳後側，重心仍在左腿。此為吸氣（圖 5-142）。

然後，左腳以腳跟為軸向右轉約 45°，帶動全身向右轉，面向正西；同時雙臂外翻右掤。此為呼氣（圖 5-143）。

接著，右腿向右前上步，腳跟著地；同時雙手外翻至掌心向前。 此為吸氣（圖 5-144）。

然後，左腿蹬地、右腿前弓，右腳逐漸踩實。同時，雙掌暗含按勁向前推按而出（圖 5-145）。

圖 5-142

圖 5-143

圖 5-144

圖 5-145

第二十七式　單　鞭

接上式。雙手逐漸合抱，左手在外、右手在內，掌心向內；同時左腿收至右腿後側，重心仍在右腿。此為吸氣（圖5-146）。

然後，右腳以腳跟為軸向左轉動約135°，帶動身體左轉；同時兩手逐漸外翻。此為呼氣（圖5-147）。

圖 5-146　　　　　　　　　圖 5-147

接著，左腳向左斜前方上步，腳跟著地；同時雙手分開至雙肩的位置。此為吸氣（圖5-148）。

最後，左腿逐漸前弓，同時雙掌向兩側對拉並推按而出，手與足合、雙臂與雙腿平行。此為呼氣（圖5-149）。

圖 5-148

圖 5-149

第二十八式　雲手（一）

歌訣：

　　　雲手雙臂採化旋，太極八法其內含；

　　　意氣貫串作牽引，姿勢衍展看大全。

　　接上式。右腳收至左腳旁，身體左轉，同時雙手裏裹合抱、掌心斜向內，如同懷抱一球，雙手有合抱之意。此為吸氣（圖 5-150）。

　　接上動，右手上抄並逐漸外翻，左手下採逐漸內翻，接著兩手隨身體右轉而向右雲出；同時，重心由左腿移到右腿。此為呼氣（圖 5-151）。

　　接著，身體繼續右轉，兩手同時外翻並合抱。此為吸氣（圖 5-152）。

然後左腳向左側上步，身體左移，重心逐漸移到左腳；同時，兩手相隨向左雲出。此為呼氣（圖 5－153）。

圖 5－150

圖 5－151

圖 5－152

圖 5－153

第二十九式　雲手 (二)

本式的練法、要領均同於第二十八式雲手（一）。

第三十式　雲手 (三)

此式練法、要領均同於第二十八式雲手（一）。

第三十一式　右上式

接上式。兩手合抱，同時收右腿於左腳跟右側，此為吸氣（圖 5-154）。

接著，以左腳跟為軸，左腳內扣約 45°，正對前方；同時身體隨之右轉，右掌隨之向右掤出、左手隨之。此為呼氣（圖 5-155）；然後右腳向前（正南）上步，腳跟著

圖 5-154

圖 5-155

圖 5-156

圖 5-157

地，同時兩掌外翻至掌心向前。此為吸氣（圖 5-156）。

　　最後，兩掌向前推按而出，同時左腳蹬地，重心隨之移向右腿（圖 5-157）。

第三十二式　右高探馬

歌訣：

> 馬式高探懷抱球，兩手轉意無盡頭；
>
> 一手伸指點穴位，另手掌法鎖咽喉。

　　接上式。左腳前收於右腳後側，同時，雙臂裏裏合抱。此為吸氣（圖 5-158）。然後，以右腳跟為軸，帶動全身向左後轉約 180°；同時右掌裏旋至掌心向下、掌指向前，以食中二指向正北方向探點而出，左掌收於右腋下。此為呼氣。（圖 5-159、圖 5-160）

圖 5-158

圖 5-159

圖 5-160

第三十三式　左蹬腳

歌訣：

　　兩手分張如開弓，左足右足皆可蹬；

　　擊準會陰人喪命，膝蓋受擊事非輕。

接上式。兩手合抱胸前，右掌在外、左掌在內，同時左腿提起。此為吸氣（圖 5-161）。

接著，左腿向正前（北）方蹬出，同時左掌隨左腿前蹬向前推按而出，右掌向右側推按而出（圖 5-162）。

圖 5-161

圖 5-162

第三十四式　左上式

接上式。左腳自然落地，腳跟點地，同時兩掌合抱胸前，再外翻至掌心向前。此為吸氣（圖 5-163）。

圖 5-163

圖 5-164

接著，右腳蹬地、左腿前弓，同時兩掌順勢向前推按而出。此為呼氣（圖 5-164）。

圖 5-165

第三十五式　左高探馬

接上式。右腳收於左腳後側，同時雙臂合抱，左臂在外、右臂在內，右手置於左腋下。此為吸氣（圖 5-165）。

　　然後，以左腳跟為軸，帶動全身，向右後轉約180°；同時左掌掌心向下，掌指向前，以食中二指向正南方向探點而出，右掌收於右腋下。此為呼氣。（圖5-166、圖5-167）

圖5-166　　　　　　　　　　圖5-167

第三十六式　右蹬腳

　　接上式。兩手合抱胸前，左掌在外、右掌在內，同時右腿提起。此為吸氣（圖5-168）。

　　接著，右腿向正前（南）方蹬出，同時右掌隨右腿前蹬向前推按而出，左掌向左側推按而出（圖5-169）。

圖 5-168

圖 5-169

第三十七式　右上式

接上式。右腳自然落地，腳跟點地，同時兩掌合抱胸前，再外翻至掌心向前。此為吸氣（圖 5-170）。

接著，左腳蹬地、右腿前弓，同時兩掌順勢向前推按而出。此為呼氣（圖 5-171）。

第三十八式　轉身蹬一根

接上式。左腳收回至右腳後側，同時雙臂裏裏合抱，邊合抱兩掌邊變成拳，拳心朝內。此為吸氣（圖 5-172）。

然後，以右腳跟為軸帶動全身向左後轉約 180°，同時雙拳逐漸內旋合抱於胸前。此為呼氣（圖 5-173）。

圖 5-170

圖 5-171

圖 5-172

圖 5-173

接著，左腿提起，呈獨立步；同時雙拳內翻成拳心向下，並按於小腹前。此為吸氣（圖5-174）。

最後，左腳向前蹬出，同時，雙拳外翻、拳心斜向上，兩臂隨蹬腳逐漸向外撐出。此為呼氣（圖5-175）。

圖5-174　　　　　　　　　　圖5-175

第三十九式　轉身左蹬腳

接上式。收回左腳，呈右獨立步，腳不落地；同時雙臂向上合抱，雙拳變掌，左掌在內、右掌在外；接著，以右腳跟為軸帶動全身向左轉約90°，轉動時左腳不落地。此為吸氣（圖5-176）。

然後，左腳向前（正西）蹬出，同時左掌隨蹬腿向前推按而出，右掌向右側方推按出。此為呼氣（圖5-177）。

圖 5-176　　　　　　　　圖 5-177

第四十式　左上式

接上式。兩手合抱，再外翻，兩手掌心斜向前；同時左腳落地，呈虛步。此為吸氣（圖 5-178）。

接著，左腿前弓、右腳蹬地，兩掌同時向前推按而出。此為呼氣（圖 5-179）。

第四十一式　斜飛式

接上式。左腳略內扣、右腳虛起，同時兩手裏裏合抱，左掌在下、右掌在上，掌心均朝內（圖 5-180）。

然後，右腳向前（正西）上步，同時兩掌外旋，掌心相對。此為吸氣（圖 5-181）。

圖 5-178

圖 5-179

圖 5-180

圖 5-181

　　然後，右腳向前上步，腳掌外撇，重心逐漸前移成歇步；同時，左臂左肩向前捌靠而出，右掌向後採按而出（圖 5-182）。

圖 5-182

第四十二式　進步栽捶

歌訣：

　　彼方襲擊前足腿，適宜踐步打栽捶；

　　彎腰俯身練脊背，拳猛擊下速收回。

　　接上式。左腳向前上步，腳跟著地；同時雙掌變拳，左拳隨轉身向下摟、右拳隨轉身上掄，兩拳含有合抱之意。此為吸氣（圖 5-183）。

　　然後，後腳蹬、前腿弓；同時左拳向左下摟，拳心向後，右拳向正前下方栽出，拳心向內，同時彎腰坐胯，仍保持尾閭中正。此為呼氣（圖 5-184）。

圖 5-183　　　　　　　　　　圖 5-184

第四十三式　　翻身二起腳

歌訣：

> 抬腳氣勁貫湧泉，翻身二起腳法鮮；
>
> 手足運滿腰脊力，踢中心口命歸西。

此式傳統練法有跳躍動作，難度較大，在此提供一個簡易練法。

接上式。以腰帶動上身從右側向後翻身，左腳以腳跟為軸向右後轉約180°，同時右拳隨勢以拳背向外、拳心向內，向後撤出，左拳相隨。此為吸氣（圖5-185）。接著，右腳向前上步，腳掌外撇；同時左臂拳心向內，拳背向外，向前捌出，右拳收於右腰側，拳心向上。此為呼氣（圖5-186）。然後，重心逐漸移到右腿，左腳提起往前上步。同時左拳收回，右拳撤出。此為吸氣（圖5-187）。接著，左腳向前上

步，腳掌外撇，重心逐漸移向左腿；同時兩手變掌外翻，右
掌拍擊踢起的右腳背，左掌隨之。此為呼氣（圖5-188）。

圖 5-185

圖 5-186

圖 5-187

圖 5-188

圖 5-189

第四十四式　退步伏虎

歌訣：

左右伏虎兩變換，

身法支撐在腰間；

前弓後蹬步法穩，

擒龍伏虎豈為難。

接上式。收回右腿於左腿後膝窩，呈金雞獨立勢，同時兩掌下捋，持於胸前，右掌在前、左掌在後。此為吸氣（圖 5-189）。然後，右腿向後退步、左腿再向後退步，動作不停，同時雙掌隨勢向左後側大捋。此為呼氣。（圖 5-190、圖 5-191）

圖 5-190

圖 5-191

第四十五式　撇身捶

歌訣：

　　　前腿屈膝後腳蹬，提頂吊襠求正中；

　　　懷抱雙捶擊穴竅，點中穴位事非輕。

　　接上式。重心移向左腿，右腳略收；同時雙掌隨下捋之勢順勢變拳，合抱於胸前。此為吸氣（圖 5-192）。

　　然後，右腳上步，左腳蹬、右腿弓，同時兩拳心外翻、拳心向上、拳背向前，逐漸向前捯出，左拳在後、右拳在前。此為呼氣（圖 5-193）。

圖 5-192

圖 5-193

第四十六式 左蹬腳

接上式。右腳外撇，重心移至右腿，左腿收回提起，呈右獨立勢；同時雙拳內翻變掌，兩臂合抱，左掌在內、右掌在外。此為吸氣（圖 5-194）。

然後，左腳向前（東南方）蹬出，同時左掌向左腿方向推按而出、右掌向右側後推按而出。此為呼氣（圖 5-195）。

圖 5-194

圖 5-195

第四十七式 轉身右蹬腳

接上式。左腳收回，順勢向右後跨步，身體隨之而後轉，重心移到左腿，提起右腿成左獨立步；同時兩臂相抱於胸前，左手在外、右手在內。此為吸氣（圖 5-196、圖 5-197）。

圖 5-196

圖 5-197

　　然後，右腳向前（東南方）蹬出，同時右掌向右腿方向推按而出、左掌向左側方推按而出。此為呼氣（圖5-198）。

圖 5-198

第四十八式　右上式

接上式。右腳落地成虛步，同時兩掌合抱並外翻成掌心斜向前（東南方）。此為吸氣（圖 5–199）。

接著，左腳蹬、右腿弓，同時兩掌隨之向前推按而出。此為呼氣（圖 5–200）。

圖 5-199

圖 5-200

第四十九式　左右懶紮衣

同第七式左右上式，唯名稱不同。

第五十式　搬攔捶

同第八式搬攔捶。

第五十一式　抱虎推山

同第九式抱虎推山。

第五十二式　右左懶紮衣

同第十式右左上式。

第五十三式　如封似閉

同第十一式如封似閉。

第五十四式　斜單鞭

接上式。收左腳於右腳旁，同時兩掌裏裏合抱。此為吸氣（圖 5-201）。接著，右腳以腳跟為軸向右轉 45°；周身隨之右轉，兩掌隨之外翻。此為呼氣（圖 5-202）。

然後，左腳向左側（西南）上步，兩掌同時外翻至掌心向外，置於兩肩旁。此為吸氣（圖 5-203）。

最後，左腿前弓、右腳蹬地，同時兩掌隨之向兩側推

圖 5-201

圖 5-202

圖 5-203

圖 5-204

按而出。此為呼氣（圖 5-204）。

第五十五式　野馬分鬃 (一)

歌訣：

　　野馬似風在奔騰，左右出擊分頭鬃；

　　發勁中土不離位，曲線運化形直攻。

接上式。右腳收於左腳側，同時兩手裏裏合抱，左掌在上、右掌在下。此為吸氣（圖 5-205）。

接著，左腳微外撇，身體隨之左擰。此為呼氣（圖5-206）。

然後，右腳向西北方上步，同時左掌內翻至掌心向下、右掌外翻至掌心向上；兩臂合抱於胸前。此為吸氣（圖 5-207）。

最後，右腿前弓、左腳蹬地；同時，右臂前挒，左掌後採，目視後方（東南）。此為呼氣（圖 5-208）。

圖 5-205

圖 5-206

圖 5-207

圖 5-208

第五十六式　野馬分鬃(二)

接上式。左腳收於右腳側,同時兩手裏裏合抱。右手在上、左手在下。此為吸氣(圖5-209)。

接著,右腳微外撇,身體隨之右擰。此為呼氣(圖5-210)。

然後,左腳向西南方上步,同時右掌外翻至掌心向下、左掌內翻至掌心向上。此為吸氣(圖5-211)。

最後,左腿前弓、右腳蹬地;同時左臂前挒,右掌後採。此為呼氣(圖5-212)。

圖5-209　　　　　　　　圖5-210

第五十七式　野馬分鬃(三)

此式練法同第五十五式野馬分鬃(一)。

圖 5-211

圖 5-212

第五十八式　野馬分鬃（四）

此式練法同第五十六式野馬分鬃（二）。

第五十九式　玉女穿梭（一）

歌訣：

> 忽隱忽現式法奇，玉女穿梭四隅擊；
>
> 手撐掤勁隨走化，環中剛柔不支離。

接上式。收右腳於左腳側，同時兩掌合抱，右手在上、左手在下。此為吸氣（圖5-213）。接著，左腳以腳跟為軸，帶動周身向右轉約45°；同時左掌外翻從右臂下推按而出，右臂隨之外旋下按。此為呼氣（圖5- 214）。然後，右腳西北方上步，腳跟著地；同時左掌外翻至豎掌，掌心向前，右掌翻至掌心斜向下、掌指向左。此為吸氣

（圖 5-215）。最後，右腿前弓，左腳蹬地，同時兩掌向前推按而出，右臂含有掤勁。此為呼氣（圖 5-216）。

圖 5-213

圖 5-214

圖 5-215

圖 5-216

第六十式　玉女穿梭（二）

接上式。收左腳於右腳後側，同時兩掌合抱，左手在上、右手在下。此為吸氣（圖5-217）。

接著，右腳以腳跟為軸，向左後旋轉約180°，帶動周身左轉；同時右掌從左臂下向外翻推按而出，左臂隨之外旋左掌下按。此為呼氣（圖5-218）。

圖5-217

圖5-218

然後，左腳向前（東南）上步，腳跟著地；同時右掌前穿外翻至掌心向前、掌指向上，左掌內翻至掌心向下、掌指向右。此為吸氣（圖5-219）。

最後，左腿前弓、右腳蹬地；同時，兩掌向前推按而出，左臂含有掤勁。此為呼氣（圖5-220）。

圖 5-219

圖 5-220

第六十一式　玉女穿梭 (三)

接上式。收右腳於左腳後側，同時兩掌合抱，右手在上、左手在下。此為吸氣（圖 5-221）。

接著，左腳以腳跟為軸向右轉 45°，身體隨之右轉；同時，左掌從右臂下向右外翻穿出，右臂外旋右掌下按。此為呼氣（圖 5-222）。

然後，右腳向前（西南）上步，腳跟著地；同時左掌前穿外翻至掌心向前、掌指向上，右掌隨內翻至掌心向下、掌指向左。此為吸氣（圖 5-223）。

最後，右腿前弓，左腳蹬地；同時兩掌向前推按而出，右臂含有掤勁。此為呼氣（圖 5-224）。

圖 5-221

圖 5-222

圖 5-223

圖 5-224

第六十二式　玉女穿梭(四)

　　接上式。左腳收於右腳後側，同時兩掌合抱，左手在上、右手在下。此為吸氣（圖5-225）。

　　接著，右腳以腳跟為軸向左後轉約180°，身體隨之左轉；同時，右掌從左臂下外翻穿出、左臂內旋、左掌下按。此為呼氣（圖5-226）。

圖5-225　　　　　　　　　　　圖5-226

　　然後，左腳向前（東北）上步，腳跟著地；同時右掌前穿外翻至掌心向前、掌指向上，左掌內翻至掌心向下、掌指向右。此為吸氣（圖5-227）。

　　最後，左腿前弓，右腳蹬地；同時兩掌向前推按而出，左臂含有掤勁。此為呼氣（圖5-228）。

圖 5-227

圖 5-228

第六十三式 十字手

接上式。右腳收於左腳旁，同時兩臂裏裏合抱，右掌在外、左掌在內。此為吸氣（圖 5-229）。

接著，左腳以腳跟為軸向右轉約 45°，周身隨之右轉，同時兩掌外翻。此為呼氣（圖 5-230）。

然後，右腳向前（正東）上步，腳跟著地；同時兩掌外翻至掌心向前。此為吸氣（圖 5-231）。

最後，右腿前弓，左腳蹬地；同時兩掌向前推按而出。此為呼氣（圖 5-232）。

注意：此式與攬雀尾、上式的動作完全一致，只是最後「開」的時候，是面朝正方向（正東），所以老譜上稱作十字手。

圖 5-229

圖 5-230

圖 5-231

圖 5-232

第六十四式　倒單鞭

此式與單鞭動作、要點均相同，只是方向相反，所以叫「倒單鞭」。

接上式。左腳收於右腳後側，同時兩掌裏裏合抱，左掌在外、右掌在內。此為吸氣（圖 5-233）。

接著，右腳以腳跟為軸向左轉約 135°，周身隨之左轉。此為呼氣（圖 5-234）。

圖 5-233

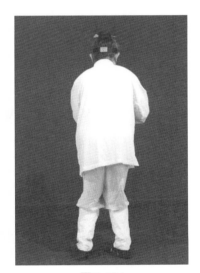

圖 5-234

然後，左腳向左側開步，腳跟著地；同時兩掌外翻，掌心斜向外。此為吸氣（圖 5-235）。

最後，左腿前弓，右腳蹬地；同時兩掌向兩側分別推按而出。此為呼氣（圖 5-236）。

圖 5-235

圖 5-236

第六十五式　下　式

圖 5-237

歌訣：

下式取敵避鋒芒，

軀展鬆弛身弓張；

彼進兇猛自跌倒，

怨恨地上誰栽贓。

接上式。重心慢慢移至右腿，俯身，同時兩手合抱。此為吸氣（圖5-237）。

接著，兩掌隨撲步往下前穿，同時重心隨之前移。此為呼氣（圖5-238）。

圖 5-238

第六十六式　左右金雞獨立

歌訣：

> 金雞上步單足立，上下兩臂展雙翼；
>
> 伸掤下按隨勢走，膝擊會陰能退敵。

接上式。重心逐漸移至左腿，同時兩手合抱，此為吸氣（圖 5-239）。

接著，右膝提起，成左獨立步，同時左掌下按，右掌隨提膝上穿。此為呼氣（圖 5-240）。

然後，右腿下落，右掌隨之下落與左手合抱，重心移向右腿。此為吸氣（圖 5-241）。

最後，左腿提膝，成右獨立步，同時右掌下按、左掌上穿。此為呼氣（圖 5-242）。

圖 5-239

圖 5-240

圖 5-241

圖 5-242

第六十七式　倒攆猴（一）

同第十五式倒攆猴（一）。

第六十八式　倒攆猴（二）

同第十六式倒攆猴（二）。

第六十九式　倒攆猴（三）

同第十七式倒攆猴（三）。

第七十式　倒攆猴（四）

同第十八式倒攆猴（四）。

第七十一式　上步白鶴亮翅

同第十九式上步白鶴亮翅。

第七十二式　摟膝拗步

同第二十式摟膝拗步。

第七十三式　手揮琵琶

同第二十一式手揮琵琶。

第七十四式　海底針

同第二十二式海底針。

第七十五式　青龍出水

同第二十三式青龍出水。

第七十六式　扇通背右上式

同第二十四式扇通背右上式。

第七十七式　左上式

同第二十五式左上式。

第七十八式　如封似閉

同第二十六式如封似閉。

第七十九式　單　鞭

同第二十七式單鞭。

第八十式　雲手（一）

同第二十八式雲手（一）。

第八十一式　雲手（二）

同第二十九式雲手（二）。

第八十二式　雲手（三）

同第三十式雲手（三）。

第八十三式　右上式

同第三十一式右上式。

第八十四式　右高探馬

同第三十二式右高探馬。

第八十五式　左蹬腳

同第三十三式左蹬腳。

第八十六式　左上式

同第三十四式左上式。

第八十七式　左高探馬

同第三十五式左高探馬。

第八十八式　右蹬腳

同第三十六式右蹬腳。

第八十九式　右上式

同第三十七式右上式。

第九十式　迎面掌

歌訣：

對心掌式法多變，擊中心臟魂魄散；

既知此要切忌用，練拳健身為鍛鍊。

迎面掌也叫「對心掌」，常用於迎擊對方的前胸心窩部位，往往能重創對方，故不可輕用。

接上式。兩手合抱，同時收左腳於右腳側。此為吸氣（圖 5-243）。

接著，右腳以腳跟為軸左轉約 90°，周身隨之左轉；同時右掌隨轉身向前（正東）推按而出，左掌托於胸前。此為呼氣（圖 5-244）。

圖 5-243　　　　　　　　　　圖 5-244

第九十一式　左蹬腳

接上式。右手收回與左掌合抱，同時左腿提起。此為吸氣（圖 5-245）。

然後，左腳向前蹬出，同時兩掌隨之前後分開。此為呼氣（圖 5-246）。

第九十二式　轉身擺蓮

歌訣：

　　身後之敵向我擊，轉身拗腿足橫踢；

　　雙手交叉撥化走，踢準穴位命歸西。

接上式。左腳向後轉身順勢落下，於右腳旁扣步，身體後轉，面向正西；同時兩手合抱。此為吸氣（圖 5-247）。

接著，重心移於左腿，右腿提起向外擺踢，同時兩手由右外側向內依次拍擊右腳腳背。此為呼氣（圖 5-248）。

圖 5-245

圖 5-246

圖 5-247

圖 5-248

第九十三式　左指襠捶

歌訣：

> 左手拗步摟過膝，右掌緊握進捶擊；
>
> 頂勁虛靈勢端正，扣襠出勁在腰脊。

接上式。右腳順勢落下向西北方上步，同時兩手握空心拳持於腰側，拳眼相對、拳心向下。此為吸氣（圖5-249）。接著，左腳蹬地，右腿弓步，同時兩拳順勢向前下擊出。此為呼氣（圖5-250）。

圖 5-249

圖 5-250

第九十四式　右指襠捶

接上式。左腳收到右腳旁，同時兩拳合抱於小腹前。此為吸氣（圖5-251）。接著，右腳以腳跟為軸向左轉約90°；同時，周身隨之向左轉動。此為呼氣（圖5-252）。

然後，左腳向西南上步，腳跟著地；同時雙拳持於腰側，
拳眼相對。此為吸氣（圖 5-253）。最後，右腳蹬地，左
腿弓步，同時兩拳向前下擊出。此為呼氣（圖 5-254）。

圖 5-251

圖 5-252

圖 5-253

圖 5-254

第九十五式　如封似閉

同第十一式如封似閉。

第九十六式　單　鞭

同第十二式單鞭。

第九十七式　下　式

同第六十五式下式，唯方向不同，本式面朝正東。

第九十八式　上步七星

歌訣：

> 上步進拳名七星，出拳制敵擊人中；
>
> 欲要掌拳雙奏效，寒暑不懈勤練功。

接上式。重心逐漸前移至左腿，右腳跟步收於左腳右側，腳尖虛點地；同時右拳隨身體前移向前上方鑽打，左拳持於右臂肘部。（圖5-255、圖5-256）

第九十九式　退步跨虎

歌訣：

> 屈膝跨虎臂分張，退之愈促進愈長；
>
> 何謂騎虎世少有，脊骨斂氣韌柔剛。

接上式。右腳後撤，左腳隨之後撤呈左虛步，左腳尖點地；同時，右掌向右上方捌出，左掌向左下方採出。（圖5-257、圖5-258）

　　第九十八式和第九十九式是一組連續動作，在練習時
要輕靈快速。

圖 5-255

圖 5-256

圖 5-257

圖 5-258

第一百式　轉身擺蓮

接上式。左腳提起向右後扣步，周身隨之向後轉360°，同時兩手合抱，左手在上、右手在下。面向正東。此為吸氣（圖5-259）。

接著，重心移於左腿，右腿提起向外擺踢，同時兩手由右外側向內依次拍擊右腳腳背。此為呼氣（圖5-260）。

圖 5-259

圖 5-260

第一百零一式　雙峰貫耳

接上式。右腳順勢落下向東南上步，腳跟著地；同時兩手握拳，持於身體兩側。此為吸氣（圖5-261）。

接著，左腳蹬地，右腿弓步；同時兩拳向外側畫弧，

圖 5-261

圖 5-262

再向內合擊對方太陽穴。此為呼氣（圖 5-262）。

第一百零二式　左右彎弓射虎（一）

歌訣：

> 前腿屈膝後腳蹬，提頂吊襠求正中；
>
> 懷抱雙捶擊穴竅，點中穴位事非輕。

接上式。收左腳於右腳後側，同時兩拳裏裏合抱，拳心向內。此為吸氣（圖 5-263）。

接著，右腳以腳跟為軸向左側轉動約 90°，周身隨之向左轉動，兩臂、兩拳亦同時向左翻轉。此為呼氣（圖 5-264）。

然後，左腳向前（東北）上步，腳跟著地；同時左拳外翻。此為吸氣（圖 5-265）。

最後，右腳蹬地，左腿弓步，左拳外翻螺旋，右拳向前（東北）打出。目視右拳，此為呼氣（圖5-266）。

圖5-263

圖5-264

圖5-265

圖5-266

接上式。收右腳於左腳後側，同時兩拳裏裏合抱，拳心向內。此為吸氣（圖 5-267）。

接著，左腳以腳跟為軸向右轉動約 90°，周身隨之向右轉動。兩臂、兩拳亦同時向右翻轉。此為呼氣（圖 5-268）。

圖 5-267

圖 5-268

然後，右腳向前（東南）上步，腳跟著地；同時右拳外翻。此為吸氣（圖 5-269）。

最後，左腳蹬地，右腿弓步；同時，右拳螺旋外翻上架，左拳向前（東南）打出，目視左拳。此為呼氣（圖 5-270）。

圖 5-269

圖 5-270

第一百零三式　左右彎弓射虎（二）

同第一百零二式左右彎弓射虎（一）。

第一百零四式　搬攔捶

同第八式搬攔捶。

第一百零五式　抱虎推山

同第九式抱虎推山。

第一百零六式　右左上式

同第十式右左上式。

第一百零七式　如封似閉

同第十一式如封似閉。

第一百零八式　合太極

歌訣：

> 太極纏綿至此完，意氣鬆靜應復前；
> 勿僵坐臥應散步，周身協調精神添。

接上式。收左腳於右腳後側，同時兩手合抱。此為吸氣（圖 5-271）。

接著，左腳外擺正，右腳以腳跟為軸向左轉動約 90°，周身隨之左轉。此為呼氣（圖 5-272）。

圖 5-271　　　　　　　　圖 5-272

然後，重心移至兩腿中間，同時兩掌內翻、掌心向下。此為吸氣（圖5-273）。

最後，兩掌自然下按，兩腿直立，氣沉丹田。此為呼氣（圖5-274）。

圖5-273　　　　　　　　圖5-274

第六章
宗師拳論

　　為了方便讀者研讀太極拳的經典論著，本書將葛傳武式太極拳門內傳抄以及經常研讀的拳論彙集在一起。從這些經典中，也可以看出葛傳太極拳的主要觀點和技法特點。

一、王宗岳拳論

太極拳論

　　太極者，無極而生，動靜之機，陰陽之母也。動之則分，靜之則合。無過不及，隨曲就伸。人剛我柔謂之走，我順人背謂之黏。動急則急應，動緩則緩隨。雖變化萬端，而理唯一貫。由著熟而漸悟懂勁，由懂勁而階及神明。然非用力之久，不能豁然貫通焉。

　　虛靈頂勁，氣沉丹田。不偏不倚，忽隱忽現。左重則左虛，右重則右杳。仰之則彌高，俯之則彌深，進之則愈長，退之則愈促。一羽不能加，蠅蟲不能落，人不知我，我獨知人。英雄所向無敵，蓋皆由此而及也。

　　斯技旁門甚多，雖勢有區別，概不外壯欺弱，慢讓快耳。有力打無力，手慢讓手快，皆是先天自然之能，非關學力而有為也。察四兩撥千斤之句，顯非力勝；觀耄耋能禦眾之形，快何能為？

　　立如平準，活似車輪。偏沉則隨，雙重則滯。每見數年純功，不能運化者，率皆自為人制，雙重之病未悟耳。

　　欲避此病，須知陰陽。黏即是走，走即是黏。陰不離陽，陽不離陰。陰陽相濟，方為懂勁。懂勁後，愈練愈精，默識揣摩，漸至從心所欲。本是捨己從人，多誤捨近求遠。所謂差之毫釐，謬之千里，學者不可不詳辨焉。

太極拳釋名

　　太極拳，一名長拳，又名十三勢。

　　長拳者，如長江大海，滔滔不絕也。十三勢者，分掤、捋、擠、按、採、挒、肘、靠、進、退、顧、盼、定也。

　　掤、捋、擠、按，即坎、離、震、兌四正方也。採、挒、肘、靠，即乾、坤、艮、巽四斜角也。此八卦也。進步、退步、左顧、右盼、中定，即金、木、水、火、土也，此五行也。合而言之曰十三勢。

十三勢行功歌

　　十三總勢莫輕視，命意源頭在腰隙。變轉虛實須留意，氣遍身軀不稍滯。靜中觸動動猶靜，因敵變化示神奇。勢勢存心揆用意，得來不覺費功夫。刻刻留心在腰間，腹內鬆靜氣騰然。尾閭中正神貫頂，滿身輕利頂頭懸。仔細留心向推求，屈伸開合聽自由。入門引路須口授，功夫無息法自修。若言體用何為準？意氣君來骨肉臣。詳推用意終何在？益壽延年不老春！歌兮歌兮百四十，字字真切義無遺。若不向此推求去，枉費功夫貽歎息。

打手歌

掤捋擠按須認真,上下相隨人難進。任他巨力來打我,牽動四兩撥千斤。引進落空合即出,沾連黏隨不丟頂。

二、武禹襄太極拳論

十三勢行功要解

以心行氣,務沉著,乃能收斂入骨,所謂「命意源頭在腰隙」也。

意氣須換得靈,乃有圓活之趣,所謂「變轉虛實須留意」也。

立身中正安舒,支撐八面;行氣如九曲珠,無微不到,所謂「氣遍身軀不稍滯」也。

發勁須沉著鬆靜,專注一方,所謂「靜中觸動動猶靜」也。

往復須有折疊,進退須有轉換。所謂「因敵變化示神奇」也。

曲中求直,蓄而後發,所謂「勢勢存心揆用意,刻刻留心在腰間」也。

精神能提得起,則無遲重之虞,所謂「腹內鬆靜氣騰然」也。

虛靈頂勁，氣沉丹田，不偏不倚，所謂「尾閭正中神貫頂，滿身輕利頂頭懸」也。

以氣運身，務順遂，乃能便利從心，所謂「屈伸開合聽自由」也。

心為令，氣為旗，神為主帥，身為驅使，所謂「意氣君來骨肉臣」也。

太極拳解

身雖動，心貴靜，氣須斂，神宜舒。心為令，氣為旗，神為主帥，身為驅使。刻刻留意，方有所得。先在心，後在身。在身，則不知手之舞之，足之蹈之，所謂一氣呵成，捨己從人，引進落空，四兩撥千斤也。

須知一動無有不動，一靜無有不靜，視動猶靜，視靜猶動，內固精神，外示安逸。須要從人，不要由己，從人則活，由己則滯。尚氣者無力，養氣者純剛。

彼不動，己不動，彼微動，己先動。以己依人，務要知己，乃能隨轉隨接。以己黏人，必須知人，乃能不後不先。

精神能提得起，則無遲重之虞，黏依能跟得靈，方見落空之妙。往復須分陰陽，進退須有轉合。機由己發，力從人借。發勁須上下相隨，乃能一往無敵。立身須中正不偏，方能八面支撐。靜如山岳，動若江河。邁步如臨淵，運勁如抽絲，蓄勁如張弓，發勁如放箭。

行氣如九曲珠，無微不到，運勁如百煉鋼，何堅不摧。形如搏兔之鶻，神如捕鼠之貓。曲中求直，蓄而後

發。收即是放,連而不斷。

極柔軟,然後能極堅剛,能黏依,然後能靈活。氣以直養而無害,勁以曲蓄而有餘。漸至物來順應,是亦知止能得矣。

太極拳論要解

解曰:先在心,後在身,腹鬆,氣斂入骨,神舒體靜,刻刻在心。

切記一動無有不動,一靜無有不靜。視靜猶動,視動猶靜,動牽往來氣貼背,斂入脊骨。要靜,內固精神,外示安逸。邁步如貓行,運勁如抽絲。全身意在蓄神,不在氣,在氣則滯。有氣者無力,無氣者純剛。氣如車輪,腰如車軸。

又曰:彼不動,己不動;彼微動,己先動。似鬆非鬆,將展未展,勁斷意不斷。

十三勢說略

每一動,惟手先著力,隨即鬆開,猶須貫串,不外起承轉合。始而意動,既而勁動,轉接處要一線串成。

氣宜鼓盪,神宜內斂,無使有缺陷處,無使有凹凸處,無使有斷續處。其根在腳,發於腿,主宰於腰,形於手指。由腳而腿而腰,總須完整一氣,向前退後,乃得機得勢。有不得機勢處,身便散亂,必至偏倚,其病必於腰腿求之,上下前後左右皆然。

凡此皆是意,不是外面,有上即有下,有前即有後,

有左即有右，如意要向上，即寓下意，若將物掀起，而加以挫之之力，斯其根自斷，乃壞之速而無疑。

虛實宜分清楚，一處自有一處虛實，處處總此一虛實，周身節節貫串，勿令絲毫間斷。

四字密訣

敷：敷者，運氣於己身，敷布彼勁之上，使不得動也。

蓋：蓋者，以氣蓋彼來處也。

對：對者，以氣對彼來處，認定準頭而去也。

吞：吞者，以氣全吞，入於化也。

此四字無形無聲，非懂勁後，練到極精地位者，不能知全。是以氣言，能直養其氣而無害，始能施於四體。四體不言而喻矣。

身法八要

涵胸、拔背、裹襠、護肫、提頂、吊襠、鬆肩、沉肘。

三、李亦畬太極拳論

五字訣

一曰心靜：

心不靜則不專，一舉手，前後左右全無定向，故要心

靜。起初舉動未能由己，要悉心體認，隨人所動，隨屈就伸，不丟不頂，勿自伸縮。彼有力，我亦有力，我力在先。彼無力，我亦無力，我意仍在先。要刻刻留心，挨何處，心要用在何處，須向不丟不頂中討消息。從此做去，一年半載，便能施於身。此全是用意，不是用勁，久之則人為我所制，我不為人制矣。

二曰身靈：

身滯則進退不能自如，故要身靈。舉手不可有呆相，彼之力方礙我皮毛，我之意已入彼骨裏。兩手支撐，一氣貫串。左重則左虛，而右已去。右重則右虛，而左已去。氣如車輪，周身俱要相隨，有不相隨處，身便散亂，便不得力，其病於腰腿求之。先以心使身，從人不從己。後身能從心，由己仍是從人。由己則滯，從人則活。能從人，手上便有分寸。秤彼勁之大小，分釐不錯。權彼來之長短，毫髮無差。前進後退，處處恰合，功彌久而技彌精矣。

三曰氣斂：

氣勢散漫，便無含蓄，身易散亂，務使氣斂入脊骨。呼吸通靈，周身罔間。吸為合、為蓄。呼為開、為發。蓋吸則自然提得起，亦拏得人起。呼則自然沉得下，亦放得人出。此是以意運氣，非以力使氣也。

四曰勁整：

一身之勁，練成一家。分清虛實，發勁要有根源。勁起於腳跟，主於腰間，形於手指，發於脊背。又要提起全副精神，於彼勁將出未發之際，我勁已接入彼勁，恰好不

後不先，如皮燃火，如泉湧出。前進後退，無絲毫散亂，曲中求直，蓄而後發，方能隨手奏效。此謂「借力打人，四兩撥千斤」也。

五曰神聚：

上四者俱備，總歸神聚。神聚則一氣鼓鑄，煉氣歸神，氣勢騰挪，精神貫注，開合有致，虛實清楚。左虛則右實，右虛則左實。虛非全然無力，氣勢要有騰挪。實非全然占煞，精神要貴貫注。緊要全在胸中腰間運化，不在外面。力從人借，氣由脊發。胡能氣由脊發？氣向下沉，由兩肩收於脊骨，注於腰間，此氣之由上而下也，謂之合。由腰行於脊骨，布於兩膊，施於手指，此氣之由下而上也，謂之開。合便是收，開即是放。能懂開合，便知陰陽。至此地位，功用一日，技精一日，漸至從心所欲，罔不如意矣。

走架打手行工要言

昔人云：「能引進落空，能四兩撥千斤；不能引進落空，不能四兩撥千斤。」語甚賅括，初學者未由領悟，予加數語以解之，俾有志斯技者，得所從入，庶日進有功矣。

欲要引進落空、四兩撥千斤，先要知己知彼。欲要知己知彼，先要捨己從人。欲要捨己從人，先要得機得勢。欲要得機得勢，先要周身一家。欲要周身一家，先要周身無有缺陷。欲要周身無缺陷，先要神氣鼓盪。欲要神氣鼓盪，先要提起精神，神不外散。欲要神不外散，先要神氣

收斂入骨。欲要神氣收斂入骨，先要兩股前節有力，兩肩鬆開，氣向下沉。

　　勁起於腳跟，變換在腿，含蓄在胸，運動在兩肩，主宰在腰，上於兩膊相繫，下於兩腿相隨。勁由內換，收便是合，放即是開。靜則俱靜，靜是合，合中寓開。動則俱動，動是開，開中寓合。觸之則旋轉自如，無不得力，才能引進落空，四兩撥千斤。

　　平日走架，是知己工夫。一動勢，先問自己：周身合上數項不合？稍有不合，即速改換，走架所以要慢不要快。打手是知人工夫，動靜固是知人，仍是問己。自己安排得好，人一挨我，我不動彼絲毫，趁勢而入，接定彼勁，彼自跌出。如自己有不得力處，便是雙重未化，要於陰陽開合中求之，所謂知己知彼，百戰百勝也。

　　胞弟啟軒嘗以球譬之，如置球於平坦，人莫可攀躋，強臨其上，向前用力後跌，向後用力前跌。譬喻甚明，細揣其理，非「捨己從人」「一身一家」之明證乎？得此一譬，「引進落空」「四兩撥千斤」之理，可盡人而明矣！

撒放密訣

擎：擎起彼身借彼力（中有靈字）；

引：引到身前勁始蓄（中有斂字）；

鬆：鬆開我勁勿使屈（中有靜字）；

放：放時腰腳認端的（中有整字）。

　　擎、引、鬆、放四字，有四不能：腳手不隨者不能，身法散漫者不能，身不成一家者不能，精神不團聚者不

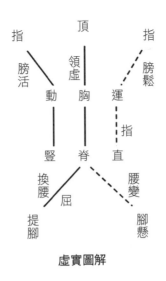

虛實圖解

能。欲臻此境，須避此病，不然終身由之，莫得其妙矣。

敷字訣解

敷，所謂一言以蔽之也。人有不習此技而獲聞此訣者，無心而白於餘。始而不解，及詳味之，乃知敷者，包獲周匝，「人不知我，我獨知人」。氣雖尚在自己骨裏，而意恰在彼皮裏膜外之間，所謂「氣未到而意已吞」也。妙絕！妙絕！

實非全然站煞，實中有虛。虛非全然無力，虛中有實。上圖舉一身而言，雖是虛實之大概，究之周身，無一處無虛實，又離不得此虛實。總要聯絡不斷，以意使氣，以氣運勁，非身子亂挪，手腳亂換也。

虛實，即是開合，走架打手，著著留心，刻刻留意，愈練愈精，功彌久，技彌巧尚矣。

一字定軍訣

湧（下），源源不斷，力源久遠。

壯（中），氣海堅實，丹田充沛。

飄（上），著力輕靈，用力圓活。

解曰：底氣足，中氣運，上氣靈，三氣合一，方能著手奏效也。

八字訣

掤臂斜出月上弦，前臂微拱後掌圓。

對方斤兩有多少，掤臂觸之似秤盤。

敵勁出頭我封採，對方凹陷我擠先。

上下渾身一團氣，猶如長蛇摸地盤。

捋手好似鹿回頭，掌高手低勢自由。

神意全在掌中現，腰腿一致順水舟。

沾黏不離中土位，捋中帶引是要由。

有捋無擠空自捋，無捋有擠枉出頭。

擠手打出賽拱橋，斜中帶摸意氣豪。

逢按打擠先捋化，引進落空單臂找。

拱橋閉著敵膀臂，先沉後前勢無繞。

擠又從捋先引進，捋後無擠是空著。

打按好似虎撲羊，腰腿手臂各相當。

先沉後帶再按出，定將敵人擲當陽。

按掤捋化須注意，肘不過膝略無妨。

對方撤步來採我，進步肘靠將敵傷。

採似猿猴摘仙桃，沉後斜帶引敵討。

退步採腕要老辣，不傾不脆枉徒勞。

無論掤按與拳掌，採用遇之似冰消。

用採切防敵肘靠，守著中宮任意拋。

捌打橫勁出驚彈，避開中門走螺旋。

單手平掃敵頸頂，手似快馬摧磨轉。

捌手還須捌手破，彼以禮來我禮還。

肩隨腰轉龍轉身，切忌遲呆不天然。

肘打好似牛低頭，開花連環任自由。

此是近取一辣手，遠距用之氣人羞。

對方封採隨勢用，肘指肋脅一命休。

用肘最怕琵琶式，遇之轉身找咽喉。

進步打靠賽遊龍，靠腿直入敵襠中。

由下斜上急轉身，肩打敵胸不容情。

切忌一腿不釘住，致使對方有餘容。

靠打多由採手變，敵閃我採招法成。

四、郝為真太極拳論

走架境界

自初發悟，至於有成，走架之境凡三變。

初若身立水中，隨水波之推蕩。

歌訣：如站水中至項深，身體中正氣下沉；

四肢動作有阻力，姿勢變換要慢勻。

稍進，則如善游者與水相忘，故走架有足不履地、任意浮沉之概。

歌訣：如在水中身懸空，長江大河浮游中；
　　　腰如車軸精神湧，滔滔不斷泅水行。

又進，則步愈輕靈，若自忘其身，直如行於水面，飄然為凌雲之遊也。

歌訣：身體如在水上行，如臨深淵履薄冰；
　　　全身精神須貫注，稍微不慎墜水中。

又曰：方走架，必精神專一，若有敵當前也。及遇敵，又當行所無事，如未嘗有人也。

拳經云：「神氣四肢，總要完整，一有不整，身必散亂，必至偏倚，而不能有靈活之妙用」，即此意也。

又云：知己功夫，在練十三勢。或欲知人，須有伴侶。二人每日打四手（即掤捋擠按也），功久即可知人之虛實、輕重，隨時而能用矣。

倘若無人與自己打手，與一不動之物，當為人，用兩手，或身體，與此物相較，視定物之中心，或黏，或走，或靠，手足總要相合，或如黏住他的意思，或如似挨未挨他的意思，身子內外總要虛空靈活，功久身體亦可以能靈活矣。

或是自己與一個能活動之物，物之動去，我可以隨著物之來去，以兩手接隨之，身體屈伸往來，上下相隨，內外一氣，如同與人相較一般。仍是求不即不離、不丟不頂之意也。如此，心思會悟，身體力行，功久引進落空之

法，亦可以隨心所欲而用之也。此是自己用功，無有伴侶之法則也。

太極拳的修煉層次

欲得太極拳技之要秘，非有明師指點不可，入門後，還要動腦筋，巧練苦練，日久方能學得真功夫。技擊之道，師傳各異，本無定法。武學的最高層次，其理一致，千流而終歸大海。

太極拳法十層功夫修煉層次，內外兼修，動靜相宜。一層有一層景致，一層有一層之靈驗，絕非虛語。

一至三層，是入門之階段。由鬆柔入手，化剛為柔，以身變手。它要求身體各部位鬆柔的勁力，能集中反應到手上來。此階段煉精化氣，為初關，屬下乘功夫。

四至六層，是登堂入室之階段。積柔成剛，以氣變手。此階段煉氣化神為中關，屬中乘功夫。

七至八層，是爐火純青之階段。剛復柔歸，以意變手。此階段煉神還虛，為上關，屬中乘到上乘階段。

九至十層，是登峰造極之階段。千變萬化之神通，其功夫已達出神入化，此階段煉虛還道，空而不空，形神俱妙，與道合真。

第一層：一圓即太極

此層從背絲、纏絲分出陰陽，其練是纏法，其用是捆法。此層化僵硬為柔和，勉強轉圈，圈力多而化勁少。練習時，以單操為主，懂得拳勢的基本要領、要求。要求身型、步法、手眼等合乎規矩。架勢以求開展、舒適。

第二層：上下分兩儀

此層陽升陰降，陽輕陰重，其練是波瀾法，其用是就法。此層化剛為柔，由勉強轉圈變為自然轉圈，圈力少而化勁多，內氣漸聚，丹田鼓盪。練習時，將熟練的單操架勢串連成套路習練。

第三層：進退呈四象

此層半陰半陽，純陰純陽，互為往來，其練是懂法，其用是伏貼法。此層走圈柔化，不丟不頂，開始懂勁，並由大圈漸至小圈，是退圈之前一階段。內氣漸增，牽動往來。要求身體放鬆的鬆勁轉為柔和的內勁，其勁源能反應到手上，即由腳到腿而腰，達於手指，總需完整一氣。

第四層：開合是乾坤

此層是天地相合，陰陽交合，其練是抽扯法，其用是撐法。此層內氣運行，打通任督二脈。熟練並掌握其技擊方法，誘敵深入，引進落空。開始具有發勁和寸勁。出手無圈，而處處皆有圈，即出手無形而有形。練習時，在化、引進退中，貼身逼進，用內勁貫於手指，貼住對方發寸勁。

第五層：出入綜坎離

此層火降水升，水火沸騰。其練是催法，其用是回合法。此層內氣漸增，在任督二脈循環運行，積柔成剛，是由寸勁逐漸向分勁發展之初。練習時發放勁力，練誘敵入囊中之技法。

第六層：領落錯震巽

此層雷風鼓動，有起有伏，其練是抑揚法，其用是激

法。此層貼身即化，可以將對方力點引向自身，泄力轉化發出，順勢借力，抖捌彈放凌厲的冷勁，即見肉分離法。屬分勁階段。此層內氣行循四肢，八脈皆通。此層需長期修煉，修煉到「豁然貫通」之時，運用自如的勁力，左右逢源，捨己從人。此時「入門引路」階段結束，步入「功夫無息法自修」之層次。

第七層：迎抵推艮兌

此層為口、為耳，能聽能問，彼此通氣，其練是稱法，其用是虛靈法。此層剛復歸柔，知己知彼，分明虛實。內勁達含而不露，一沾即發之境地。全身無處不柔，無處不剛，處處能化，處處能發，挨著何處何處擊，內氣行循奇經八脈，功力一日勝似一日。

第八層：背絲扣

此層陰陽自分，虛實分明，剛柔相濟，進入無極而太極。此層內氣完整一體，能在意念的指導下，達到身體任何一點，進行收閉穴道和發勁彈放。交技時，不擺架子，不露形意，沾著即打，一點之處，有化有發，可柔可剛。就柔即柔，說剛即剛。引進落空，四兩撥千斤，變化莫測。

第九層：高手

此層周身一太極，已入化境。「人不知我，我獨知人。」「一羽不能加，蠅蟲不能落。」交技時只在一哼一哈之凌空無形彈放，犯者應聲立仆，甚至未見其動，未覺其動，而對手已傷。

第十層：妙手

此層出神入化，登峰造極，其技達神乎其神之境界。武學永無止境，「功夫無息法自修」，練形練意求養神。此時始悟萬拳終歸一理。

五、太極九訣

全體大用訣

太極拳法妙無窮，掤捋擠按雀尾生。
斜走單鞭胸膛占，回身提手把著封。
海底撈月亮翅變，挑打軟肋不容情。
摟膝拗步斜中找，手揮琵琶穿化精。
貼身靠近橫肘上，護中反打又稱雄。
進步搬攔肋下使，如封似閉護正中。
十字手法變不盡，抱虎推山採挒成。
肘底看捶護中手，退行三把倒轉肱。
墜身退走扳挽勁，斜飛著法用不空。
海底針要躬身就，扇通臂上托架功。
撤身捶打閃化式，橫身前進著法成。
腕中反有閉拿法，雲手三進臂上攻。
高探馬上攔手刺，左右分腳手要封。
轉身蹬腳腹上占，進步栽捶迎面衝。
反身白蛇吐信變，採住敵手取雙瞳。

右蹬腳上軟肋踹，左右披身伏虎精。
上打正胸肋下用，雙風貫耳著法靈。
左蹬腳踢左蹬式，回身蹬腳膝骨迎。
野馬分鬃攻腋下，玉女穿梭四角封。
搖化單臂托手上，左右用法一般同。
單鞭下式順鋒入，金雞獨立占上風。
提膝上打致命處，下傷二足難留情。
十字腿法軟骨斷，指襠捶下靠為鋒。
上步七星架手式，退步跨虎閃正中。
轉身擺蓮護腿進，彎弓射虎挑打胸。
如封似閉顧盼定，太極合手式完成。
全體大用意為主，體鬆氣固神要凝。

十三字行功訣

十三字：掤、捋、擠、按、採、挒、肘、靠、進、退、顧、盼、定。

口訣：

掤手兩臂要圓撐，動靜虛實任意攻。
搭手捋開擠掌使，敵欲還著勢難逞。
按手用著似傾倒，二把採住不放鬆。
來勢兇猛挒手用，肘靠隨時任意行。
進退反側應機走，何怕敵人藝業精。
遇敵上前迫近打，顧住三前盼七星。
敵人逼近來打我，閃開正中定橫中。
太極十三字中法，精意揣摩妙更生。

十三字用功訣

逢手遇掤莫入盤，黏沾不離得著難。
閉掤要上採挒法，二把得實急無援。
按定四正隅方變，觸手即佔先上先。
将擠二法趁機使，肘靠攻在腳跟前。
遇機得勢進退走，三前七星顧盼間。
周身實力意中定，聽探順化神氣關。
見實不上得攻手，何曰功夫是體全。
操練不按體中用，修到終期藝難精。

八字法訣

三換二将一擠按，搭手遇掤莫讓先。
柔裏有剛攻不破，剛中無柔不為堅。
避入攻守要採挒，力在驚彈走螺旋。
逞勢進取貼身肘，肩胯膝打靠為先。

虛實訣

虛虛實實神會中，虛實實虛手行功。
練拳不諳虛實理，框費功夫終無成。
虛守實發掌中竅，中實不發藝難精。
虛實自有虛實在，實實虛虛攻不空。

亂環訣

亂環術法最難通，上下隨合妙無窮。

陷敵深入亂環內，四兩千斤著法成。
手腳齊進橫豎找，掌中亂環落不空。
欲知環中法何在，發落點對即成功。

陰陽訣

太極陰陽少人修，吞吐開合問剛柔。
正隅收放任君走，動靜變化何須愁。
生剋二法隨著用，閃進全在動中求。
輕重虛實怎的是，重裏現輕勿稍留。

十八「在」訣

掤在兩臂，捋在掌中，擠在手背，按在腰攻，採在十指，挒在兩肱，肘在屈使，靠在肩胸。進在雲手，退在轉肱，顧在三前，盼在七星，定在有隙，中在得橫。滯在雙重，通在單輕，虛在當守，實在必衝。

五字經訣

披從側方入，閃展無全空。
擔化對方力，搓磨試其功。
欠含力蓄使，黏沾不離宗。
隨進隨退走，拘意莫放鬆。
拿閉敵血脈，扳挽順勢封。
軟非用拙力，掤臂要圓撐。
摟進圓活力，摧堅戳敵鋒。

掩護敵猛入，撮點致命攻。
墜走牽挽勢，繼續勿失空。
擠他虛實現，攤開即成功。

六合勁

擰裹，鑽翻，螺旋，崩砟，驚彈，抖擻。

十三法

掤捋，擠按，採挒，肘靠，進退，顧盼，定（中）；
正隅，虛實，收放，吞吐，剛柔，單雙、重（輕）。

五法

進法，退法，顧法，盼法，定法。

八要

掤要撐，捋要輕，擠要橫，按要攻；
採要實，挒要驚，肘要衝，靠要崩。

全力法

前足奪後足，後足站前蹤。
前後成直線，五行主力攻。
打人如親嘴，手到身要擁。
左右一面站，單臂克雙功。

六、太極老譜三十二目

八門五步

掤（南），捋（西），擠（東），按（北），採（西北），挒（東南），肘（東北），靠（西南）。

坎、離、兌、震、巽、乾、坤、艮——八門。

方位八門，乃為陰陽顛倒之理，週而復始，隨其所行也。總之，四正四隅，不可不知矣！

夫掤、捋、擠、按，是四正之手；採、挒、肘、靠，是四隅之手。合隅正之手，得門位之卦。以身分步，五行在意，支撐八面。

五行：進步（火），退步（水），左顧（木），右盼（金），定之方中（土）也。

夫進退為水火之步，顧盼為金木之步，以中土為樞機之軸，懷藏八卦，腳跐五行，手步八五，其數十三，出於自然十三勢也。名之曰「八門五步」。

八門五步用功法

八卦五行，是人生成固有之良，必先明「知覺運動」四字之本由。知覺運動得之後，而後方能懂勁。由懂勁後，自能階及神明，然用功之初，要知知覺運動，雖固有之良，亦甚難得之於我也。

固有分明法

蓋人降生之初，目能視、耳能聽、鼻能聞、口能食。顏色、聲音、香臭、五味，皆天然知覺固有之良；其手舞足蹈於四肢之能，皆天然運動之良。思及此，是人孰無？因人性近習遠，失迷固有，要想還我固有，非乃武無以尋運動之根由，非乃文無以得知覺之本原，是乃運動而知覺也。

夫運而知，動而覺；不運不覺，不動不知。運極則為動，覺盛則為知。動知者易，運覺者難。先求自己知覺運動得之於身，自能知人。要先求知人，恐失於自己，不可不知此理也。夫而後懂勁然也。

沾黏連隨

沾者，提上拔高之謂也。

黏者，留戀繾綣之謂也。

連者，捨己無離之謂也。

隨者，彼走此應之謂也。

要知人之知覺運動，非明沾黏連隨不可。斯沾黏連隨之功夫，亦甚細矣。

頂匾丟抗

頂者，出頭之謂也。

匾者，不及之謂也。

丟者，離開之謂也。

抗者，大過之謂也。

要知於此四字之病，不但沾黏連隨之功斷，且不明知覺運動也。

初學對手，不可不知也，更不可不去此病。所難者沾黏連隨，而不許頂匾丟抗，是所不易也。

對待無病

頂匾丟抗，失於對待也，所以為之病者，既失沾黏連隨，何以獲知覺運動？既不知己，焉能知人？所謂對待者，不以頂匾丟抗相對於人也；要以沾黏連隨等待於人也。能如是，不但無對待之病，知覺運動自然得矣，可以進於懂勁之功矣。

對待用功法守中土（俗名站樁）

定之方中足有根，先明四正進退身。
掤捋擠按自四手，須費功夫得其真。
身形腰頂皆可以，沾黏連隨意氣均。
運動知覺來相應，神是君位骨肉臣。
分明火候七十二，天然乃武並乃文。

身形腰頂

身形腰頂豈可無，缺一何必費工夫。
腰頂窮研生不已，身形順我自伸舒。
捨此真理終何極，十年數載亦糊塗。

太極圈

退圈容易進圈難，不離腰頂後與前。
所難中土不離位，退易進難仔細研。
此為動功非站定，倚身進退並比肩。
能如水磨摧急緩，雲龍風虎象周旋。
要用天盤從此覓，久而久之出天然。

太極進退不已功

掤進捋退自然理，陰陽水火相既濟。
先知四手得來真，採挒肘靠方可許。
四隅從此演出來，十三勢架永無已。
所以因之名長拳，任君開展與收斂，千萬不可離太
極。

太極上下名天地

四手上下分天地，採挒肘靠由有去。
採天靠地相應求，何患上下不既濟？
若使挒肘習遠離，迷了乾坤遺嘆惜。
此說亦明天地盤，進用肘挒歸人字。

太極人盤八字歌

八卦正隅八字歌，十三之數不幾何。
幾何若是無平準，丟了腰頂氣嘆哦。
不斷要言只兩字，君臣骨肉細琢磨。

功夫內外均不斷，對待數兒豈錯他。

對待於人出自然，由此往復於地天。

但求捨己無深病，上下進退永連綿。

太極體用解

理為精氣神之體，精氣神為身之體。身為心之用，勁力為身之用。心身有一定之主宰者，理也。精氣神有一定之主宰者，意誠也。誠者，天道；誠之者，人道。俱不外意念須臾之間。

要知天人同體之理，自得日月流行之氣。其氣意之流行，精神自隱微乎理矣。夫而後言乃武、乃文，乃聖、乃神，則得矣。若特以武事論之於心身，用之於勁力，仍歸於道之本也，故不得獨以末技云爾！

勁由於筋，力由於骨，如以持物論之，有力能執數百斤，是骨節、皮毛之外操也，故有硬力。如以全體之有勁，似不能持幾斤，是精氣之內壯也。雖然，若是功成後，猶有妙出於硬力者，修身、體育之道有然也。

太極文武解

文者，體也；武者，用也。文功在武用於精氣神也，為之體育；武功得文體於心身也，為之武事。

夫文武尤有火候之謂，在卷放得其時中，體育之本也。文武使於對待之際，在蓄發當其可者，武事之根也。故云：武事文為，柔軟體操也，精氣神之筋勁；武事武用，剛硬武事也，心身之骨力也。文無武之預備，為之有

體無用;武無文之侶伴,為之有用無體。如獨木難支,孤掌不響,不惟體育、武事之功,事事諸如此理也。

文者,內理也;武者,外數也。有外數無文理,必為血氣之勇,失於本來面目,欺敵必敗。爾有文理無外數,徒思安靜之學,未知用於採戰,差微則亡耳!

自用、於人,文武二字之解,豈可不解哉!

太極懂勁解

自己懂勁,階及神明,為之文成。而後採戰,身中之陰七十有二,無時不然。陽得其陰,水火既濟,乾坤交泰,性命葆真矣!

於人懂勁,視聽之際,遇而變化,自得曲誠之妙,形著明於不勞,運動覺知也。功至此,可為攸往咸宜,無須有心之運用耳!

八五十三勢長拳解

自己用功,一勢一式,用成之後,合之為「長」;滔滔不斷,週而復始,所以名「長拳」也。萬不得有一定之架子,恐日久入於滑拳也,又恐入於硬拳也,決不可失其綿軟。周身往復,精神、意氣之本,用久自然貫通,無往不至,何堅不摧也!

於人對待,四手當先,亦自八門五步而來。站四手,四手碾磨,進退四手,中四手,上下四手,三才四手,由下乘長拳四手起,大開大展,練至緊湊、屈伸自由之功,則升至中、上乘矣!

太極陰陽顛倒解

陽：乾、天、日、火、離、放、出、發、對、開、臣、肉、用、器、身、武、立命、方、呼、上、進、隅。

陰：坤、地、月、水、坎、卷、入、蓄、待、合、君、骨、體、理、心、文、盡性、圓、吸、下、退、正。

蓋顛倒之理，「水、火」二字詳之，則可明。如：火炎上，水潤下者，水能使火在下而用水在上，則為顛倒。然非有法治之則不得矣！

譬如：水入鼎內，而置火之上，鼎中之水，得火以燃之，不但水不能下潤，藉火氣，水必有溫時。火雖炎上，得鼎以隔之，是為有極之地，不使炎上之火無止息；亦不使潤下之水永滲漏。此所謂水火既濟之理也，顛倒之理也。

若使任其火炎上、水潤下，必至火水必分為二，則為水火未濟也。

故云：分而為二、合之為一之理也。故云：一而二，二而一，總斯理為三，天、地、人也。

明此陰陽顛倒之理，則可與言道；知道不可須臾離，則可與言人；能以人弘道，知道不遠人，則可與言天地同體。上天、下地，人在其中矣！

苟能參天察地，與日月合其明，與五嶽、四瀆華朽，與四時之錯行，與草木並枯榮，明鬼神之吉凶，知人事之興衰，則可言乾坤為一大天地，人為一小天地也。

夫如人之身心，致知格物於天地之知能，則可言人之

良知、良能，若思不失固有，其功用浩然正氣，直養無害，攸久無疆矣！

所謂人身生成一小天地者，天也，性也；地也，命也；人也，虛靈也；神也，若不明之者，烏能配天地為三乎？然非盡性立命、窮神達化之功，胡為乎來哉？

人身太極解

人之周身，心為一身之主宰。主宰，「太極」也。二目為日月，即「兩儀」也。頭象天，足象地，人中之人即中脘，合之為「三才」也。四肢「四象」也。

腎水、心火、肝木、肺金、脾土，皆屬陰；膀胱水、小腸火、膽木、大腸金、胃土，皆陽矣也，茲為內也。顧丁火、地閣、承漿水、左耳金、右耳木、兩命門土也，茲為外也。

神出於心，目眼為心之苗。精出於腎，腦腎為精之本。氣出於肺，膽氣為肺之原。視思明心動神，流也。聽思聰腦動腎，滑也。

鼻之息香臭，口之呼吸出入。水鹹、木酸、土辣、火苦、金甜，及言語聲音，木亮、火焦、金潤、土塕、水漂。鼻息、口吸呼之味，皆氣之往來肺之門戶。肝膽巽震之風雷，發之聲音，出入五味。此言口、目、鼻、舌、神、意，使之六合，以破六欲也，此內也。手、足、肩、膝、肘、胯，亦使六合，以正六道也，此外也。

眼、耳、鼻、口、大小便、肚臍，外七竅也。喜、怒、憂、思、悲、恐、驚，內七情也。七情皆以心為主，

喜心、怒肝、憂脾、悲肺、恐腎、驚膽、思小腸、怕膀胱、愁胃、慮大腸，此內也。

夫離：南正、午、火、心經；坎：北正、子、水、腎經；震：東正、卯、木、肝經；兌：西正、酉、金、肺經；乾：西北隅、金、大腸化水；坤：西南隅、土、脾化土；巽：東南隅、膽、木化土；艮：東北隅、胃、土化火。此內八卦也。

外八卦者，二、四為肩，六、八為足，上九，下一，左三，右七也。坎一，坤二，震三，巽四，中五，乾六，兌七，艮八，離九，此九宮也。內九宮亦如此。

表裏者：乙肝，左肋，化金通肺；甲膽，化土通脾；丁心，化木中膽，通肝；丙小腸，化水通腎；己脾，化土通胃；戊胃，化火通心，後背前胸，山澤通氣；辛肺，右肋，化水通腎；庚大腸，化金通肺；癸腎，下部，化火通心；壬膀胱，化木通肝。此十天干之內外也。十二地支亦如此之內外也。

明斯理，則可與言修身之道矣。

太極分文武三成解

蓋言道者，非自修身無由得也。然又分為三乘之修法。乘者，成也。上乘，即大成也；下乘，即小成也；中乘，即誠之者成也。法分三修，成功一也。

文修於內，武修於外，體育內也，武事外也。其修法，內外表裏，成功集大成，即上乘也。由體育之文而得武事之武，或由武事之武而得體育之文，即中乘也。然獨

知體育之文，不知武事而成者，或專武事，不為體育而成者，即小成也。

太極下乘武事解

太極之武事，外操柔軟，內含堅剛。而求柔軟之於外，久而久之，自得內之堅剛。非有心之堅剛，實有心之柔軟也。

所難者，內要含蓄堅剛而不外施，終柔軟而迎敵。以柔軟而應堅剛，使堅剛盡化無有矣。

其功何以得乎？要非沾黏連隨已成，自得運動知覺，方為懂勁；而後神而明之，化境極矣。

夫四兩撥千斤之妙，功不及化境，將何以能？是所謂懂沾黏連隨，得其視聽輕靈之巧耳。

太極正功解

太極者圓也，無論內外、上下、左右，不離此圓也。

太極者方也，無論內外、上下、左右，不離此方也。

圓之出入，方之進退，隨方就圓之往來也。方為開展，圓為緊湊。方圓規矩之至，其孰能出此以外哉！

如此得心應手，仰高鑽堅，神乎其神，見隱顯微，明而且明，生生不已，欲罷不能矣！

太極輕重浮沉解

雙重為病，干於填實，與沉不同也；雙沉不為病，自爾騰虛，與重不一也。

雙浮為病。祗如縹緲，與輕不例也；雙輕不為病，天然清靈，與浮不等也。

半輕半重不為病；偏輕偏重為病。半者，半有著落也，所以不為病；偏者，偏無著落也，所以為病。偏無著落，必失方圓；半有著落，豈出方圓？

半浮半沉為病，失於不及也；偏浮偏沉，失於太過也。

半重偏重，滯而不正也；半輕偏輕，靈而不圓也。

半沉偏沉，虛而不正也；半浮偏浮，茫而不圓也。

夫雙輕不近於浮，則為輕靈；雙沉不近於重，則為離虛，故曰「上手」；輕重半有著落，則為「平手」。除此三者之外，皆為「病手」。

蓋內之虛靈不昧，能致於外氣之清明，流行乎肢體也。若不窮研輕重、浮沉之手，徒勞掘井不及泉之歎耳！

然有方圓四正之手，表裏精粗無不到，則已極大成，又何云四隅出方圓矣！所謂方而圓、圓而方，超乎象外，得其寰中之「上手」也。

太極四隅解

四正，即四方也，所謂掤、捋、擠、按也。初不知方能使圓。方圓復始之理無已，焉能出隅之手矣！緣人外之肢體，內之神氣，弗得輕靈方圓四正之功，始出輕重浮沉之病，則有隅矣！

譬如：半重偏重，滯而不正，自然為採、挒、肘、靠之隅手，或雙重填實，亦出隅手也。病多之手，不得已以

隅手扶之，而歸圓中方正之手；雖然至底者，肘靠亦及此以補，其所以云爾。夫日後功夫能致上乘者，亦須獲採捌而仍歸大中至正矣！是四隅之所用者，因失體而補缺云云。

太極四時五氣解圖

太極平準腰頂解

頂如準，故云「頂頭懸」也。兩手即平左右之盤也。腰即平之根株也。「立如平準」，所謂輕重浮沉、分釐毫絲，則偏顯然矣！

有準頂頭懸，腰之根下株。

上下一條線，全憑兩平轉。

變換取分毫，尺寸自己辨。

車輪兩命門，一纛搖又轉。

心令氣旗使，自然隨我便。

滿身輕利者，金剛羅漢煉。

對待有往來，是早或是晚。

合則放發去，不必凌霄箭。

涵養有多少，一氣哈而遠。

口授須秘傳，開門見中天。

太極血氣根本解

血為營，氣為衛。血流行於肉、膜、絡，氣流行於骨、筋、脈。筋、甲為骨之餘，髮、毛為血之餘。血旺則髮毛盛，氣足則筋甲壯。故血氣之勇力，出於骨、皮、毛之外壯；氣血之體用，出於肉、筋、甲之內壯。氣以血之盈虛，血以氣之消長。消長盈虛，週而復始，終身用之不能盡者矣！

太極力氣解

氣走於膜、絡、筋、脈，力出於血、肉、皮、骨。故有力者皆外壯於皮骨，形也；有氣者，是內壯於筋脈，象也。氣血功於內壯，血氣功於外壯。要之，明於「氣血」二字之功能，自知力氣之由來矣！知氣力之所以然，自能知用力、行氣之分別。行氣於筋脈，用力於皮骨，大不相侔也。

太極尺寸分毫解

功夫先煉開展，後煉緊湊。開展成而得之，才講緊湊；緊湊得成，才講尺、寸、分、毫。由尺住之功成，而

後能寸住、分住、毫住。此所謂尺寸分毫之理也明矣！

然尺必十寸，寸必十分，分必十毫，其數在焉！故云：對待者，數也。知其數，則能得尺寸分毫也。要知其數，必密授，而能量之者哉！

太極膜脈筋穴解

節膜、拿脈、抓筋、閉穴，此四功由尺、寸、分、毫得之後而求之。

膜若節之，血不周流；脈若拿之，氣難行走；筋若抓之，身無主地；穴若閉之，神昏氣暗。

抓膜節之半死，申脈拿之似亡，單筋抓之勁斷，死穴閉之無生。

總之，氣血精神若無，身何有主也？如能節、拿、抓、閉之功，非得點傳不可。

太極字字解

挫、柔、捶、打於己於人，按、摩、推、拿於己於人，開、合、升、降於己於人，此十二字皆用手也。

屈、伸、動、靜於己於人，起、落、急、緩於己於人，閃、還、撩、了於己於人，此十二字於己氣也，於人手也。

轉、換、進、退於己身於人步也，顧、盼、前、後於己目於人手也，即瞻前眇後、左顧右盼也，此八字關乎神矣！

斷、接、俯、仰此四字關乎意、勁也。斷、接關乎神

氣也，俯、仰關乎手足也。

勁斷意不斷，意斷神可接。勁、意、神俱斷，則俯仰矣！手足無著落耳！俯為一叩，仰為一反而已矣！不使叩反，非斷而復接不可。

對待之字，以俯仰為重。時刻在心，身、手、足不使斷之無接，則不能俯仰也！

求其斷接之能，非見隱顯微不可。隱微似斷而未斷，見顯似接而未接。接接斷斷，斷斷接接，其意心、身體、神氣極於隱顯，又何慮不沾黏連隨哉！

太極節拿抓閉尺寸分毫解

對待之功，既得尺寸分毫於手，則可量之矣。然不論節拿抓閉之手易，若節膜、拿脈、抓筋、閉穴，則難！非自尺寸分毫量之不可得也。

節，不量，由按而得膜；

拿，不量，由摩而得脈；

抓，不量，由推而得拿；

閉，非量而不能得穴。由尺盈而縮之寸、分、毫也。

此四者，雖有高授，然非自己功夫久者，無能貫通焉！

太極補瀉氣力解

補瀉氣力於自己難，補瀉氣力於人亦難。補自己者，知覺功虧則補，運動功過則瀉，所以，求諸己不易也。補於人者，氣過則補之，力過則瀉之，此勝彼敗，所由然

也。

氣過或瀉,力過或補,其理雖亦然,然其有詳。夫過補,為之過上加過,遇瀉為之緩他不及,他必更過,仍加過也。

補氣瀉力於人之法,均為加過於人矣。補氣名曰「結氣法」,瀉力名曰「空力法」。

太極空結挫揉論

有挫空、挫結,有揉空、揉結之辨。挫空者,則力隅矣!挫結者,則氣斷矣!揉空者,則力分矣!揉結者,則氣隅矣!

若結揉挫則氣力反,空揉挫則力氣敗。結挫揉則力盛於氣,力在氣上矣!空挫揉則氣盛於力,氣過力不及矣!挫結揉、揉結挫,皆氣閉於力矣!挫空揉、揉空挫皆力鑿於氣矣!

總之,挫結、揉空之法,亦必由尺寸分毫量,能如是也!不然,無地之挫揉,平虛之靈結,亦何由而致於哉!

懂勁先後論

夫未懂勁之先,長出頂、匾、丟、抗之病;既懂勁之後,恐出斷、接、俯、仰之病。然未懂勁,故然病出;勁既懂,何以出病乎?

緣勁似懂未懂之際,正在兩可,斷接無準矣,故出病;神明及猶不及,俯仰無著矣,亦出病。若不出斷接俯仰之病,非真懂勁,不能不出也!

　　胡為「真懂」？因視聽無由，未得其確也，知瞻眇顏盼之視覺，起落緩急之聽知，閃還撩了之運覺，轉換進退之動知，則為真懂勁！則能階及神明；及神明，自攸往有由矣！有由者，由於懂勁，自得屈伸動靜之妙；有屈伸動靜之妙，開合升降又有由矣！由屈伸動靜，見入則開，遇出則合；看來則降，就去則升。夫而後才為真及神明矣！

　　明也，豈可日後不慎行坐臥走、飲食溺泅之功！是所為及中成、大成也哉！

尺寸分毫在懂勁後論

　　在懂勁先，求尺寸分毫為之小成，不過未技武事而已！所謂能尺於人者，非先懂勁也。如懂勁後神而明之，自然能量尺寸。尺寸能量，才能節、拿、抓、閉矣！

　　知膜、脈、筋、穴之理，要必明存亡之手；知存亡之手，要必明生死之穴。其穴之數，安可不知乎？知生死之穴數，烏可不明閉而不生乎？烏可不明閉而無生乎？是所謂二字之存亡，一閉之而已盡矣。

太極指掌捶手解

　　自指下之腕上，裏者為「掌」；五指之首為之「手」；五指皆為「指」；五指權裏，其背為「捶」。

　　如其用者，按、推，掌也；拿、揉、抓、閉，俱用指也；挫、摩，手也；打，捶也。

　　夫捶有「搬攔」，有「指襠」，有「肘底」，有「撇身」，四捶之外有「覆捶」。掌有「摟膝」，有「換

轉」，有「單鞭」，有「通背」，四掌之外有「串掌」。手有「雲手」，有「提手」，拿有「十字手」，四手之外有「反手」。指有「屈指」，有「伸指」，「捏指」，「閉指」，四指之外有「量指」，又名「尺寸指」，又名「覓穴指」。

然指有五指，有五指之用。首指為手，仍為指，故又名「手指」。其一，用之為「旋指」「旋手」；其二，用之為「根指」「根手」；其三，用之為「弓指」「弓手」；其四，用之為「中合指」「中合手」。四手指之外，為「獨指」「獨手」也。食指為「卞指」，為「劍指」，為「佐指」，為「黏指」。中指為「心指」，為「合指」，為「鉤指」，為「抹指」。無名指為「全指」，為「環指」，為「代指」，為「扣指」。小指為「幫指」「補指」「媚指」「掛指」。若此之名，知之易而用之難，得口訣秘法亦不易為也。

其次，有「如對掌」「推山掌」「射雁掌」「晾翅掌」「似閉指」「拗步指」「彎弓指」「穿梭指」「探馬手」「彎弓手」「抱虎手」「玉女手」「跨虎手」「通山捶」「葉下捶」「背反捶」「勢分捶」「捲挫捶」。

再其次，步隨身換，不出五行，則無失錯矣！因其沾、連、黏、隨之理，捨己從人，身隨步自換。只要無五行之舛錯，身形腳勢出於自然，又何慮些須之病也！

口授穴之存亡論

穴有存亡之穴，要非口授不可，何也？一因其難學，

二因其關乎存亡，三因其人才能傳。

第一，不授不忠不孝之人；

第二，不傳根底不好之人；

第三，不授心術不正之人；

第四，不傳鹵莽滅裂之人；

第五，不傳授目中無人之人；

第六，不傳知禮無恩之人；

第七，不授反覆無常之人；

第八，不傳得易失易之人。

此須知八不傳，匪人更不待言矣！

如其可以傳，再口授之秘訣。傳忠孝知恩者，心氣和平者，守道不失者，真以為師者，始終如一者。此五者果其有始有終，不變如一，方可將全體大用之功，授之於徒也。明矣，於前於後，代代相繼，皆如是之所傳也。噫，抑亦知武事中烏有匪人哉！

張三豐承留

天地即乾坤，伏羲為人祖。

畫卦道有名，堯舜十六母。

微危允厥中，精一及孔孟。

神化性命功，七二乃文武。

授之至予來，字著宣平許。

延年藥在身，元善從復始。

虛靈能德明，理令氣形具。

萬載詠長春，心兮誠真跡。

三教無兩家，統言皆太極。

浩然塞而沖，方正千年立。

繼往聖永錦，開來學常續。

水火既濟焉，顧至戌畢字。

口授張三豐老師之言

予知三教歸一之理，皆性命學也，皆以心為身之主也，保全心身，永有精氣神也。有精氣神才能文思安安，武備動動，安安動動，乃文乃武。

大而化之者，聖神也。先覺者得其寰中，超乎象外矣。後學者以效先覺之所知能，其知能雖人固有之知能，然非效之不可得也。

夫人之知能，天然文武。目視耳聽，天然文也；手舞足蹈，天然武也。孰非固有也？明矣。

前輩大成文武聖神，授人以體育修身，進之不以武事修身，傳之至予，得之手舞足蹈之採戰，借其身之陰以補身之陽。身之陽，男也；身之陰，女也；然皆於身中矣。男之身祇一陽，男全體皆陰女。以一陽採戰全體之陰女，故云「一陽復始」。

斯身之陰女不獨七二。以一姹女配嬰兒之名，變化千萬。姹女採戰之可也，亦安有男女後天之身以補之者？

所謂自身之天地以扶助之，是為陰陽採戰也。如此者，是男子之身皆屬陰，而採自身之陰，戰己身之女，不如兩男之陰陽對待，修身速也。

予及此，傳於武事，然不可以末技視。依然體育之

學、修身之道、性命之功、聖神之境也。

今夫兩男之對待採戰，於己身之採戰，其理不二。己身亦遇對待之數，則為採戰也，是為汞鉛也。於人對戰，坎、離之陰陽兌震，陽戰陰也，為之四正；乾坤之陰陽艮巽，陰採陽也，為之四隅。此八卦也，為之八門。身、足位列中土，進步之陽以戰之，退步之陰以採之，左顧之陽以採之，右盼之陰以戰之。此五行也，為之五步，共為八門五步也。

夫如是，予授之爾，終身用之，不能盡者矣。又至予得武繼武，必當以武事傳之而修身也。修身入首，無論武事、文為，成功一也。三教三乘之原，不出一太極。願後學以易理格致於身中，留於後世也可。

張三豐以武事得道論

蓋未有天地，先有理，理為氣之陰陽主宰。主宰理以有天地，道在其中，陰陽氣道之流行，則為對待。對待者，陰陽也，數也。一陰一陽之為道，道無名天地始，道有名萬物母。未有天地之前，無極也，無名也。既有天地之後，有極也，有名也。然前天地者曰理，後天地者曰母，是乃理化先天陰陽氣數。母生後天胎卵濕化，位天地，育萬育，道中和，然也。故乾坤為大父母，先天也；爹娘為小父母，後天也。得陰陽先後天之氣以降生身，則為人之初也。

夫人身之來者，得大父母之命性賦理，得小父母之精血形骸，合先後天之身命，我得而成人也，以配天地為三

才，安可失性之本哉！然能率性則本不失，既不失本來面目，又安可失身體之去處哉？

夫欲尋去處，先知來處，來有門，去有路，良有以也。然有何以之？以之固有之知能，無論知愚賢否，固有知能皆可以之進道。既能修道，可知來處之源，必能去處之委。來源去委既知，能必明身不修，故曰自天子至於庶人，一是皆以修身為本。

夫修身以何？以之良知良能，視目聽耳，曰聰曰明，手舞足蹈，乃武乃文，致知格物，意誠心正。心為一身之主，正意誠心，以足蹈五行，手舞八卦，手足為之四象，用之殊途良能還原。目視三合，耳聽六道，目耳亦是四形體之一表，良知歸本，耳目手足，分而為二，皆為兩儀，合之為一，共為太極。此由外斂入之於內，亦自內發出之於外也。能如是表裏精粗無不到，豁然貫通，希賢希聖之功自臻於曰睿曰智，乃聖乃神。所謂盡性立命，窮神達化在茲矣，然天道人道一誠而已矣。

歡迎至本公司購買書籍

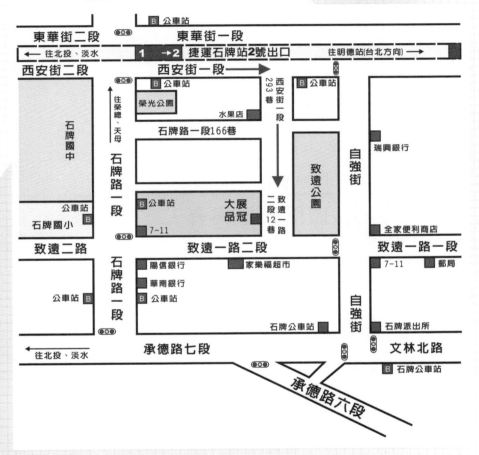

建議路線

1.搭乘捷運‧公車

淡水線石牌站下車,由石牌捷運站2號出口出站(出站後靠右邊),沿著捷運高架往台北方向走(往明德站方向),其街名為西安街,約走100公尺(勿超過紅綠燈),由西安街一段293巷進來(巷口有一公車站牌,站名為自強街口),本公司位於致遠公園對面。搭公車者請於石牌站(石牌派出所)下車,走進自強街,遇致遠路口左轉,右手邊第一條巷子即為本社位置。

2.自行開車或騎車

由承德路接石牌路,看到陽信銀行右轉,此條即為致遠一路二段,在遇到自強街(紅綠燈)前的巷子(致遠公園)左轉,即可看到本公司招牌。

國家圖書館出版品預行編目資料

太極拳心法體用驗證與釋秘／宋保年　楊光　編著　——初版
——臺北市，大展出版社有限公司，2022〔民 111.03〕
　　面；21 公分——（武學釋典；54）
　ISBN 978-986-346-360-3（平裝；附數位影音光碟）
　1.CST：太極拳
528.972　　　　　　　　　　　　　　　　　110022759

太極拳心法體用驗證與釋秘

編 著 者／宋 保 年　　楊 光

責任編輯／苑 博 洋

發 行 人／蔡 森 明

出 版 者／大展出版社有限公司

社　　址／台北市北投區（石牌）致遠一路 2 段 12 巷 1 號

電　　話／（02）28236031・28236033・28233123

傳　　真／（02）28272069

郵政劃撥／01669551

網　　址／www.dah-jaan.com.tw

E-mail／service@dah-jaan.com.tw

登 記 證／局版臺業字第 2171 號

承 印 者／傳興印刷有限公司

裝　　訂／佳昇興業有限公司

排 版 者／弘益企業行

授 權 者／北京科學技術出版社

初版 1 刷／2022 年（民 111）3 月

定　價／450 元

●本書若有破損、缺頁請寄回本社更換●

大展好書　好書大展
品嘗好書　冠群可期